PRÁTICAS CRIATIVAS DE ARTETERAPIA
COMO INTERVENÇÃO NA DEPRESSÃO

Dados Internacionais de Catalogação na Publicação (CIP)
(Câmara Brasileira do Livro, SP, Brasil)

Lopes, Cristina Pinto
Práticas criativas de arteterapia como intervenção na depressão : memórias da pele / Cristina Pinto Lopes. – Petrópolis, RJ : Vozes, 2014.
Bibliografia.

6ª reimpressão, 2025.

ISBN 978-85-326-4757-3

1. Artes – Uso terapêutico 2. Depressão 3. Psicologia 4. Terapia artística I. Título.

14-01134 CDD-615.85156

Índices para catálogo sistemático:
1. Arteterapia 615.85156

CRISTINA PINTO LOPES

PRÁTICAS CRIATIVAS DE ARTETERAPIA COMO INTERVENÇÃO NA DEPRESSÃO

MEMÓRIAS DA PELE

EDITORA VOZES

Petrópolis

Rua Frei Luís, 100
25689-900 Petrópolis, RJ
www.vozes.com.br
Brasil

Editoração: Gleisse Dias dos Reis Chies
Diagramação: Sheilandre Desenv. Gráfico
Capa: Aquarella Comunicação Integrada

ISBN 978-85-326-4757-3

Este livro foi anteriormente publicado pela Editora Libertas, com o título Memórias da pele – Arteterapia como intervenção na depressão.

Este livro foi composto e impresso pela Editora Vozes Ltda.

Para minhas avós Nadyr e Cilinha,
in memoriam,
minha mãe Neide e minha filha Maria.

Agradecimentos

Agradeço a todos que já partilharam sonhos comigo.

Ao Professor David Del Prado Diéz por seu olhar sempre inventivo e inquieto.

A Lourdes Gimenes, Angela Philippini, Mércia Melo por ajudarem a encontrar as rotas.

Às mulheres do grupo que assumiram resgatar a criatividade nas suas vidas.

A Milena pela paciência e carinho.

A toda equipe do Espaço Rizoma.

A Marilda de Camargo Credidio, companheira nessa aventura.

Às irmãs que escolhi: Andrea Graupen, Aline Leite, Edna Lopes, Kika Avellar, Reveca Bouqvar e Simone Avellar.

A Nasaré, tia querida que um dia me deu *A fada que tinha ideias*, livro que guardo até hoje comigo.

Aos meus irmãos Hugo, Tâmara, Carol, Artur, Naila, amor incondicional.

A Clara Ferreira Lopes, minha flor da Índia que vive tão perto de mim.

Aos meus pais Mario e Neide, pela constante simplicidade na vida.

Aos meus filhos Maria e Pedro, por sempre me alimentarem com poesia e beleza.

A Rafael Black de Albuquerque, amor e companheiro de sempre, por segurar a minha mão.

Sumário

Apresentação
Por uma arteterapia criativa expressiva integral

Dr. David de Prado

Este livro de Cristina Pinto, mestra em criatividade e inovação pela Universidade Fernando Pessoa, é o resultado da condensação das variadas e múltiplas atividades e exercícios da formação técnico-científica em criatividade metódica e expressiva inovadora, projetada no desenvolvimento pessoal e profissional da autora, debruçada sobre as tarefas cotidianas e o trabalho clínico de terapeuta artística.

Em princípio, pode ser de grande utilidade este estudo empírico para todas aquelas pessoas e profissionais preocupados com o desenvolvimento humano e o bem-estar das pessoas, para professores, psicólogos e pedagogos, para o pessoal da área de saúde e de assistência social. Mas, sem dúvida alguma, pode ser de interesse e utilidade para qualquer das pessoas envolvidas no desenvolvimento artístico, preocupadas com as dimensões do desenvolvimento humano libertador, catártico e terapêutico através da arte expressiva.

De qualquer modo, **todos os seres humanos**, nesta época de crises convulsivas, estão **expostos a estados depressivos por**

estarem imersos em uma sociedade depressiva ou deprimente. Basta escutar, diariamente, o noticiário da televisão: Mortes. Inundações. Guerras. Tornados. Assassinatos. Destruição e ódio. **O clima social global** de crise generalizada e total (em todos os âmbitos) não é nem um pouco estimulante de estados de alegria e otimismo, de confiança e segurança, de abertura e comunicação livre, de cooperação e ajuda amorosa para produzir melhores resultados e serviços para si mesmo e para os demais. Parece inevitável, neste contexto social, que estejamos todos ameaçados de padecer de estados de ansiedade e depressão de modo mais ou menos transitório, mais ou menos profundo ou superficial. Todos necessitamos curar-nos e imunizar-nos contra a depressão, **e a experiência artística criativa frequente**, como a que Cristina nos apresenta neste livro, **é uma via imunológica e vacina necessária. A crise depressiva mundial é o resultado inevitável do escasso espírito explorador, inovador e inventivo das pessoas e das organizações. Diante das crises de toda índole pessoal ou social em qualquer setor, é imprescindível acender o fogo da criatividade destrutiva e transformadora, para reinventar nosso mundo dentro e fora de nós mesmos com as novas linhas, fórmulas, ferramentas e linguagens da metodologia criativa-curativa da imaginação e da fantasia. Urge pôr em ação diária as multimentes criativas de todos os seres humanos a partir da Educação Infantil.**

Vou apresentar de modo simplificado minha percepção pessoal deste trabalho de Cristina Pinto, cujo progresso criativo tive a satisfação de acompanhar desde o início do mestrado.

O quê. Conteúdos e temas de sempre com novos enfoques básicos metódicos.

Este livro se constitui num **ensaio sistêmico de reflexão teórica sobre a prática metódica criativa e expressiva para o**

desenvolvimento humano que venha a facilitar a superação de estados emocionais inadequados de dor ou de depressão, em um grupo de mulheres. Constitui-se numa **conjunção programada da área da arteterapia com a criatividade em seus diferentes métodos e linguagens**. A inovação consiste, basicamente, na conjunção de dois mundos que anteriormente não estavam logicamente desenvolvidos de modo metódico. Este é o caso.

Constitui-se numa inovação rigorosa criativa e artística para **conhecer, analisar e explicar o mundo da depressão feminina**, numa primeira aproximação exploratória.

Por quê. A necessidade urgente do enfoque artístico criativo do estudo e trabalho profissionais.

Os estados depressivos são frequentes ao longo da existência em uma escala leve, chegando a constituir-se numa enfermidade **grave que demanda um difícil e complexo tratamento.**

A perda do controle emocional dos estados de ânimo psíquicos positivos e propositivos, em geral, é motivada, em períodos breves de tempo, devido a acontecimentos negativos, dolorosos, injustos ou desagradáveis que afetam todos os seres humanos com frequência: a perda do trabalho, uma doença transitória ou grave, um acidente, o falecimento de uma pessoa querida, um roubo, uma ameça... **As sensações fortes e persistentes de desgosto, insatisfação, passividade, falta de ação e impotência podem acabar sendo permanentes**, principalmente quando o impacto emocional foi muito elevado e consistente devido a um evento exagerado e imprevisível que faz mudar a vida: uma desgraça, uma doença ou um acidente grave. **A diversidade e a singularidade de sintomas e manifestações reclamam e proclamam o acerto da variedade de enfoques e processos criativos aqui empregados.** As causas da depressão – mais ou menos graves e poderosas – são múltiplas e diversas em cada pessoa, produzindo efeitos de incidência global nos planos mental, emocional e corporal. Daí a intervenção psicológica de recorrer a reparos múltiplos, incluindo-se a busca de soluções variadas para os fenômenos causadores da depressão, quando eles são específicos. **As diversas vias criativas e divergentes abrem caminhos inexplorados e novos para os próprios clientes.**

Para quê. Finalidades e méritos do estudo.

Este livro mostra fórmulas de **adaptação inteligente dos ativadores criativos na depressão em sessões integradas**, sem dúvida, úteis para aquelas pessoas e profissionais que estudam e desenvolvem a criatividade e o pensamento divergente, preocupam-se com a criação artística ou literária, tentando a melhora e o crescimento pessoal, na perspectiva psicológica que proporciona a criação e expressão artística.

O livro permite ao leitor fazer um percurso prático pelos caminhos e entranhas da depressão, contemplando e compreendendo, **de modo experiencial, as distintas fases e ativadores e linguagens criativas aplicadas nos encontros criativos femininos de cara com a depressão.**

O leitor poderá apreciar e, em alguns casos, avaliar a riqueza estética plástica e narrativa dos trabalhos elaborados pelas clientes no livro.

Como. As linhas e procedimentos criativos adaptados e enriquecidos como contribuições singulares neste estudo.

O trabalho inicia com uma **fundamentação reflexiva da psicologia junguiana, mostrando os arquétipos vivenciais com seus atos e ações básicas**, que se tornam elementos-chave em sua compreensão racional e simbólica, como na manifestação **que se aproxima intuitivamente do fundo do inconsciente**

orientador do imaginário individual e coletivo, o qual se manifesta, automaticamente, através da tempestade de ideias.

A aplicação dos métodos criativos é ferramenta essencial para a penetração natural, a manifestação patente e a (auto) análise evidenciadora do mundo interior do ser humano.

Depois, a autora mostra a criatividade em alguns dos Ativadores Criativos por mim projetados que ela acredita ser mais apropriados para aplicar nos Encontros Criativos de mulheres ante a depressão. Estes 10 Encontros Criativos contra a depressão feminina acertam em ser traçados em detalhe, podendo servir de orientação para aqueles que desejem **adentrar o campo da criatividade artística libertadora e terapêutica**. Esta se produz mediante **a evocação diagnóstica e torvelinhante (ativador da tempestade de ideias) das múltiplas causas** e **fenômenos ofuscadores que nutrem o caudal, às vezes proceloso, da depressão, da apatia e da impotência**, um mal estendido psicoestruturalmente em nossa cultura educativa, sociocultural e profissional, **que favorece e gera o estresse físico, mental e emocional** e o ***burnout* ou esgotamento ocupacional**. Cristina acerta no alvo, projetando a expressão plástica e narrativa depois do desenvolvimento autoconsciente de cada ativador.

A aplicação do relaxamento criativo neste estudo ajuda poderosamente a proporcionar uma autoconsciência corporal, assim como linhas imaginativas para expressar-se e encontrar alternativas de superação do estado doloroso passivo depressivo das clientes.

A análise das metáforas – através da analogia insólita com seu desenvolvimento – favorece, nas participantes do estudo, uma visão automática e colorística das dinâmicas de progresso do trabalho criativo. A escrita criativa automática, torvelinhante e narrativa, com suas correspondentes representações plásticas, são de grande riqueza livre e expressiva.

Como ela mesma afirma: "Desde os primeiros exercícios com **os ativadores criativos**, mostrou-se nítida a amplitude de sua aplicabilidade em minha área de trabalho, do ensino à terapia. Mostram que dificilmente existe uma questão ou problema sem solução e que **o principal bloqueador das soluções** é nosso eu interior, que, com frequência, nos diz que não é possível". Este eu interditivo é interlocutor ou intralocutor, e se converte em um censor ou carcereiro de si mesmo e dos demais.

Conclui a autora que seria "**relevante estabelecer um método de terapia criativa com início, meio e fim que pudesse auxiliar na remissão do sintoma depressivo**", **como ela mesma mostrou em seu estudo.**

Para Cristina Pinto, **o uso dos ativadores foi de essencial importância**, pois funcionam como uma rede de sustentação. Permitem ter acesso às diversas dificuldades e problemas que compõem a história de dor das mulheres do grupo. Aprendi, diz Cristina, "**que de vez em quando é preciso chorar, e chorei, emocionada com os relatos e com a força do instrumento que tinha nas mãos**".

A arte manifestada nas múltiplas linguagens criativas favorece, por meio da expressão, um saber intuitivo e manifesto sobre si mesmo e seus problemas, ânsias e desejos autênticos.

A expressão espontânea (ou estruturada) e estruturante a partir do eu interior ativado é reconhecer-se no espelho da ação artística, longe da lógica do raciocínio verbal que mascara o eu oculto. É reconstruir-se, imaginativamente, nas histórias e metáforas do sujeito que o definem, como quem não quer a coisa, sem pretender. As várias figuras de desenho realizadas pelas participantes nos encontros, oferecem uma visão direta do sentido e estado de ânimo de seu mundo interior, no momento do ato criador. São um excepcional ponto de partida para o diagnóstico, a intervenção e a transformação. Desta forma, por exemplo, a **figura Enlatado** representa abertamente o aprisionamento artificial em si mesma e a dificuldade profunda de sair para a vida criativa e expressiva da participante-artista; de igual forma estão representados seus múltiplos interrogantes e dúvidas, o diálogo escuro e borrado ou garatujado, a necessidade de despertar, a determinação de quem sou e o que quero ser e, em última instância, os desejos e os sonhos que representam sua ânsia de futuro.

Estas figuras falam por si mesmas, e às vezes podem ser consideradas como fiel retrato superficial (a pele) e profundo (o coração de seu ser) ao mesmo tempo: o que ela leva não somente pintado na pele do seu rosto, mas gravado no mais íntimo e profundo de suas entranhas. Igualmente, na figura 5, a mulher leva **nas costas a figura de uma menina que contempla suas mãos vazias. Não está por trás da depressão e da insatisfação existencial do homem e da mulher modernos, uma infância pautada na passividade inútil, na obediência cega e o vazio das mãos (sem ação ou manipulação) de um sistema de ensino livresco e verbalista no qual o corpo do *homo puer, ludens et faber* não tem lugar de modo continuado e primordial através de uma pedagogia centrada em miniprojetos criativos expressivos artísticos pessoais e sociais?**

Nas conclusões com as quais concordo, a autora garante:

"No fim da jornada temos peles multicores, vivas, cheias de histórias reinventadas. O espaço criativo devolveu a cor, mostrou a possibilidade de desenvolver novas formas dentro e fora de si mesmo. **O ato criador** se converteu em estímulo para a autoexpressão". Esta, revisitando a infância, pôde perceber como suas feridas emocionais encontraram no ato criativo seu bálsamo principal.

E conclui, referindo-se ao desenvolvimento criativo no mestrado de criatividade: "**Aprendi a investigar, interrogar, tentar novamente. Descobri que sabia escrever poemas, histórias e fazer filmes de animação, e pude, portanto, perceber que o desejo é sempre o melhor motor**".

O leitor tem diante de si um livro de fácil leitura e compreensão, graças a sua linguagem fluida, suas citações e metáforas. Sua escrita é rica e expressiva. E tem o atrativo de uma apresentação de imagens belas e ilustrativas das clientes.

Esta memória da pele está escrita como um rio biográfico alegre e doloroso ao mesmo tempo, em seus leitos profundos, que flui ágil e sinuosamente por entre os processos e ativadores criativos que revelam e recuperam, expressam e analisam a vida tal como é e parece, fazendo-a compreensível, consciente e intuitivamente, para o próprio cliente e leitor.

Movimenta-se com risco e com aprumo **entre o ensaio descritivo e artístico e o trabalho técnico-científico de uma proposta de ampla exploração** no desenvolvimento criativo terapêutico de 10 sessões de **encontro transformador** de nove mulheres em grave estado depressivo.

"**A ciência só avança mediante monografias**", segundo o dizer do filósofo Brentano. Este trabalho inicial **marca um caminho aberto e divergente na pesquisa criativa na área da psicologia clínica (eu com meu problema), educacional (aprender a ser criativo e livre) e social (encontro comunicativo e expressivo grupal), aplicando métodos ativadores e desbloqueadores da criatividade** com um plano de desenvolvimento mediante o relaxamento criativo, a analogia incomum e a metáfora, a escrita criativa, a tempestade de ideias, a representação plástica...

Por esta linha, tenho certeza de que Cristina Pinto **continuará com seu trabalho de focalização aprofundadora nas novas**

técnicas e ferramentas ou ativadores criativos além das apresentadas neste trabalho **como a solução criativa de problemas ou a metamorfose transformativa do objeto**, explorando em cada uma delas **as dimensões do autodiagnóstico, da autoanálise causal (biográfica), da pragmática (artística criativa), da sequência de outros ativadores criativos para a exercitação individual e/ou grupal e do autodesenvolvimento criativo e imaginativo, a autoanálise metacognitiva ou simbólica e funcional**. E, com eles, a autora, seus leitores e seguidores poderão não somente **abordar sistêmica e globalmente, mediante a criatividade transpessoal, os males frequentes da depressão feminina**, mas outros graves e frequentes males e perigos, eu diria que, muitas vezes, cruéis, sangrantes, criminosos e desumanos, que afetam consuetudinariamente a mulher, **como na violência de gênero, o assédio moral e sexual, a autoestima social feminina** (desvalorizado, inclusive economicamente em relação ao masculino, com salários 30% inferiores em todos os países) etc. Pois **a criatividade expressiva tem um valor transcendental e intrínseco de transformação pessoal social como aptidão essencial diferencial, pouco cultivada, para não dizer esquecida, de todo ser humano**.

Finalmente, ao leitor inteligente e imaginativo deste estudo, serão propostas **novas perguntas, novas explorações e novas possibilidades de expressão**, como um bom recurso e **estímulo de aprendizagem criativa de busca e de ensaio, de erro e de melhora**. Pois **a criatividade é ir sempre mais além do que já foi explorado por si próprio ou por seus mestres: parte do já sabido em direção ao desconhecido**.

Como metodologista e projetista dos ativadores criativos, **sinto-me muito satisfeito e orgulhoso ao comprovar os variados e valiosos estudos de contribuição original e de adaptação inteligente e simples quando da aplicação dos mesmos, assim**

como seu impacto saudável e útil no campo da psicologia e da educação, das artes expressivas e do lazer ativo, do desenvolvimento humano, grupal e organizacional pelos numerosos alunos profissionais do mestrado de criatividade e inovação que os aplicaram na vida pessoal e no próprio campo profissional, dos quais este livro se constitui num bom exemplo.

Dr. David de Prado, Mestre em Artes pela Universidade Stanford, é **especialista em criatividade**, dedicado a sua pesquisa e desenvolvimento durante as três últimas décadas, bacharel em filosofia pura e pedagogia.

- Fundador e diretor do **Mestrado em Criatividade** (desde 1994), do **site científico** dedicado à criatividade www.iacat.com. e **da revista** eletrônica Re*Crearte* [http://www.iacat.com/revista.htm], autor de **9 tests de creatividad integral** e de 7 tests de estrés [http://www.iacat.com/test_estres.aspx].

- Lidera, desde 2011, o projeto iberoamericano intitulado Educação Criativa Reinventar a Escola por seus Protagonistas [www.educreate.iacat.com].

- Escreveu mais de **20 livros dedicados à criatividade, à inovação e desenvolvimento humano e social**, centrados em **novos métodos**: A **tempestade de ideias**, a analogia incomum, Educrea, La solución creativa de problemas, la imaginación creadora e **três livros de relaxamento:** ***Relajación creativa integral: principios y técnicas*** (2005). *Relajación creativa. Técnicas y claves para el entrenamiento.* Inde (com CHARAF, M., 2000).

- Conheça gratuitamente seus últimos artigos e trabalhos online: http://www.iacat.com/1-Cientifica/CV_online_Prado.htm

1
Para início de conversa

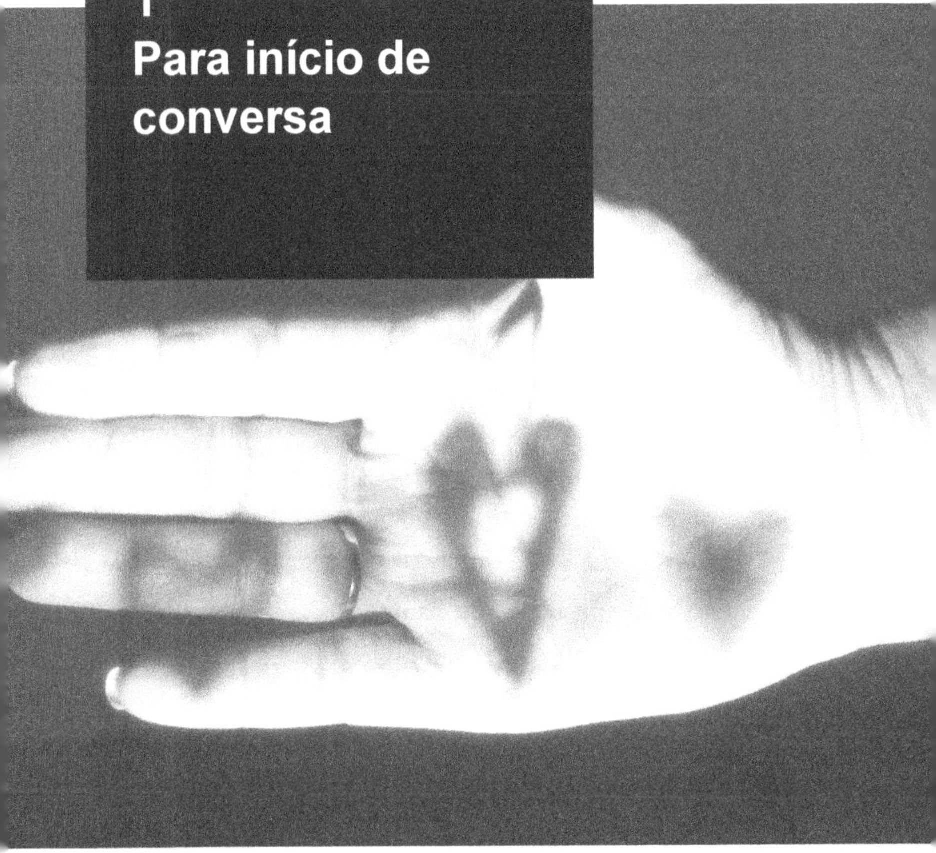

Figura 1 Na palma da minha mão
Imagem projetada na mão de F. nos Encontros de Estímulo à Criatividade.

As imagens simbólicas inscritas na pele norteiam as falas e revelações do presente livro. Temos aqui o desejo de uma vida afetiva que possa funcionar de maneira estruturante e revele as memórias da nossa história. Na mais profunda camada, o desejo é de acolhimento. A criatividade abre as portas para a restauração da vida saudável.

Abro os olhos e vejo de imediato um pé de romã. Adorava o sabor daquela fruta, tinha gosto de casa de vô. Rua de calçada larga, muita gente ao redor, eu pequenina sempre chegando de algum lugar. Sou marcada pela mudança e solidão. Gente, só lá no pé de romã ou na longa escada da casa de minha outra avó.

Lembro as memórias de minha infância, as dores de menina e como segui o caminho me encantando com a beleza. A inquietação e a fantasia acompanharam-me por toda a vida escolar. Não era boa aluna, não cabia no formato. E os anos passaram: infância, adolescência e idade adulta.

O amigo tempo, seguido do sopro intuitivo, levou-me ao curso de Psicologia. De alguma maneira, comecei a achar as primeiras pistas. O ser humano me encantava, o mistério, a alma, a loucura. Seguindo essa sequência, fui parar no curso de Educação Artística. Eram duas graduações que aconteciam simultaneamente. E, para surpresa minha, encontrei muito mais do encantamento, do mistério, da alma e da loucura na segunda.

Desde o início de minha atividade profissional, o tema Saúde e Criatividade estiveram comigo. A necessidade de uma vida criativa levou-me à necessidade de uma prática profissional criativa. Neste caminho, encontrei a psicologia simbólica junguiana e, posteriormente, a Arteterapia. A área de saúde mental sempre esteve no foco das minhas vivências e pesquisas. O presente livro resultou dessa prática profissional que permite o reencontro da beleza nos espaços mais áridos da psique.

No ano de 2002 surgiu oportunidade de organizar com um médico psiquiatra uma instituição que trabalhasse com a promoção da saúde mental, numa perspectiva da ação criativa. Em janeiro nasceu o Centro de Atenção Psicossocial Casa Forte (Caps Casa Forte).

A ideia norteadora era unir o acompanhamento psiquiátrico e psicológico à arte e ao trabalho com terapias corporais, como yoga, tai chi chuan, massagens. Buscamos organizar um espaço para cuidado do ser integral, e dedicado a pessoas necessitadas de um atendimento intensivo, devido a grave sofrimento mental. Através das diversas atividades oferecidas, muitas pessoas puderam redescobrir talentos, histórias e novas maneiras de estar no mundo. Temos trabalhado não somente para a remissão do sintoma psiquiátrico, como também para o estabelecimento de relação autêntica e criativa com o cotidiano.

No ano de 2013 o Caps Casa Forte passou por uma reformulação sendo agora chamado Espaço Rizoma – Arte, Saúde e Pesquisa.

Nos últimos anos, tem sido inquietante o grande número de mulheres adoecendo com sintomas de depressão grave. Tornam-se incapacitadas para o desenvolvimento de suas atividades diárias de trabalho, família e lazer. Estas observações são confirmadas por dados da OMS:

> A Organização Mundial de Saúde (OMS) calcula que 20% das mulheres e 10% dos homens já sofreram pelo menos um surto depressivo em suas vidas. Além disso, a depressão ocupa o segundo lugar entre as doenças mais comuns nos países industrializados, e nos países do Terceiro Mundo já está em quarto lugar. De todas as doenças, é de longe a que causa mais prejuízos (DAHLKE, 2009, p. 15).

A depressão leva à imobilidade ideacional e ao distanciamento do mundo criativo. É marcada por profundo movimento de descida aos porões da psique. No entanto, pode-se pensar que é possível descer aos porões e lá encontrar imagens e símbolos que auxiliem o processo de retomada de uma vida emocionalmente inteira e criativa. Para que isto possa acontecer é necessário que, além da medicação psiquiátrica, sejam propostas ações para recolocar a psique em movimento.

A inquietação é um dos motores para as ações criativas. Dela surgiu a ideia de elaborar um plano de trabalho onde pudesse colocar em prática o que vinha aprendendo sobre os ativadores criativos, a fim de desenvolver ações geradoras e reestabelecedoras da saúde mental feminina.

A fonte da nossa energia criativa encontra-se no repertório das imagens e histórias que formamos durante a vida. Por vezes a fonte é represada e, em decorrência, vem o adoecimento. A depressão surge como sintoma das dores guardadas e desejos não vividos.

Acredito no ser humano enquanto produtor de significados e textos. Em arteterapia é levada em consideração a retomada da qualidade de vida gerada pelo uso dos estímulos criativos, bem como a produção variada de imagens simbólicas que possam fa-

Figura 2 Energia contida
Imagem criada por M. nos Encontros
de Estímulo à Criatividade.

vorecer a tomada de consciência de certas situações vivenciadas: a consciência das contradições pessoais.

É necessário para a vida em equilíbrio o contato com as dimensões criadoras em seus múltiplos aspectos.

2
A criatividade como instrumento de superação

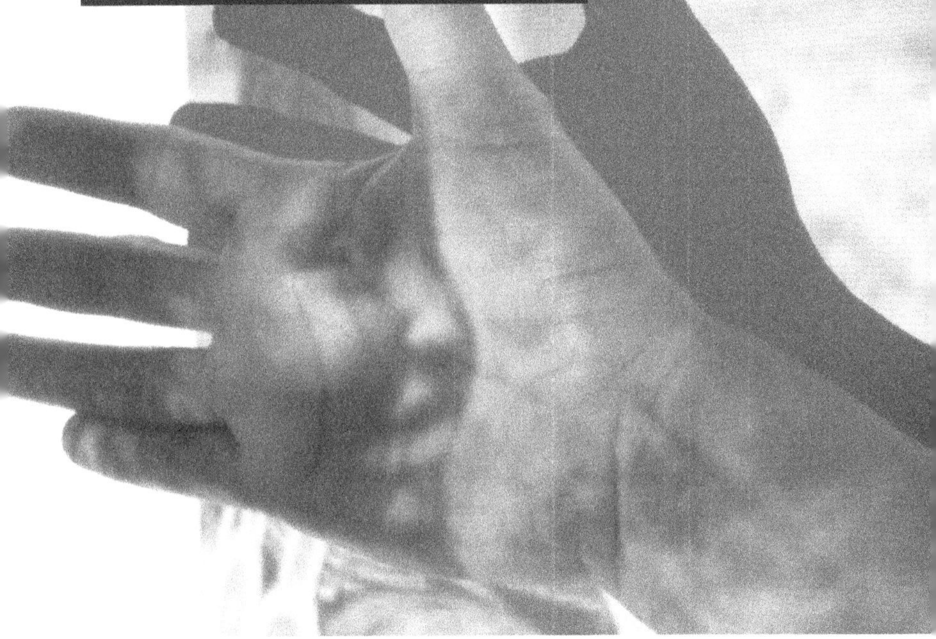

Figura 3 Estou pronta
Imagem projetada na mão de L. nos Encontros de Estímulo à Criatividade.

Iniciamos aqui o caminho do reconhecimento do instrumento criativo. A metáfora aplicada é a de uma escalada. Existe uma alta montanha e agora reunimos os materiais necessários. Nas mãos a alegria do começo, a fé no ato criador, o mapeamento do campo de trabalho e o suporte dos teóricos que já percorreram partes desse caminho.

Etimologicamente, a palavra criatividade deriva do verbo criar, que vem do latim *creare* e significa dar existência a algo. Diversos ramos do saber já se empenharam em dedicar seus estudos e pesquisas ao processo criativo, por isso é natural a diversidade das definições existentes.

A psicologia é uma ciência abrangente e dividida em várias áreas de estudo. Desta forma, muitos teóricos, por se fundamentarem em pressupostos diferentes, defendem ideias divergentes sobre um mesmo tema. É de se esperar, então, a inexistência de uma maneira única para abordar o fenômeno criativo.

Mesmo havendo várias formulações diferentes para definir este termo, geralmente diz-se haver um produto de criatividade. Ou seja, quem é criativo produz algo. No entanto, não devemos esquecer a possibilidade de ser criativo através de um processo interno, onde não seja elaborado nenhum produto concreto. **Acreditamos na criatividade, ou na atitude criativa, para resolver questões internas e esta nem sempre é observável.** Novaes afirma:

> Uma atitude criativa representa uma resposta adequada a uma situação nova e uma resposta mais adequada e construtiva a uma situação antiga, devendo o indivíduo criador ser capaz de modificar seu comportamento em resposta a novas informações. As atitudes criativas levam o indivíduo não só a uma maior independência interna e autoconfiança, estimulando-o a desenvolver suas aptidões como a conhecer suas características individuais e os seus próprios limites (NOVAES, 1980, p. 48-49).

Segundo Ostrower:

> Criar é basicamente formar. É poder dar forma a algo novo. Em qualquer que seja o campo da atividade, trata-se nesse novo de novas coerências que se estabelecem na mente humana, fenômenos relacionados de modo novo e compreendidos em termos novos. O ato criador abrange, portanto, a capacidade de compreender; e esta, por sua vez, a de relacionar, ordenar, configurar, significar (OSTROWER, 1987, p. 9).

Assim, fala-se na existência de uma relação entre criatividade, desenvolvimento pessoal, atualização de potenciais, ajustamento emocional, autorrealização e integração ao meio. O potencial criativo é inerente ao homem e está presente no próprio processo evolutivo da raça humana. É possível afirmar que ele seja uma ferramenta natural de adaptação ao meio, superação de dificuldades externas e desequilíbrios internos, como a depressão.

Outro aspecto importante da experiência criativa está relacionado ao prazer proporcionado pelo ato de finalização de um desafio. Sobre isso nos fala Lowenfeld e Brittain:

> Provavelmente será melhor considerar a criatividade como um processo contínuo, para o qual a melhor preparação é a própria capacidade de

> criar. De fato, existe um júbilo autêntico na descoberta – que não só representa a própria recompensa, mas também proporciona o ímpeto necessário para continuar a exploração e a procura (LOWENFELD & BRITTAIN, 1977, p. 64).

Partindo dessa afirmação, podemos ter uma visão otimista do processo criador e perceber que uma obra motivaria a criação de outras. No entanto, mesmo admitindo este efeito em motor, é necessário um bom estímulo inicial para que o processo aconteça. Teremos ideias férteis alimentando-se umas das outras, gerando um amplo repertório.

Há vários fatores que envolvem o processo de criação. Cabe ressaltar o caráter transformador, afirmado por Torre (2005, p. 59):

> Todo ato criativo é, em síntese, uma "transação" entre a pessoa e o meio. Percebemos o mundo exterior pelos estímulos sensoriais que elaboramos imaginativa e mentalmente e que o reorganizamos para dar resposta a problemas e projetos. O meio contribui ativamente para construir nossas configurações e estruturas mentais e com elas atuamos sobre o ambiente transformando-o. A mente reprodutora repete o adquirido, a mente criativa transforma a informação de forma pessoal.

É por meio da ação criativa que podemos imprimir a nossa marca no meio que nos cerca. Podemos nos diferenciar quando, através das ações cotidianas, lançamos mão de formas novas de organização. A criação coloca o mundo em constante movimento. Em síntese a criatividade se configura então como um terreno fértil, área composta por diversos campos do saber. O fazer criativo tem se mostrado como um relevante instrumento no desenvolvimento pessoal.

2.1 Contribuições da Psicologia Humanista

A Psicologia Humanista foi uma das correntes a acreditar na natureza humana como única força capaz de mudar os caminhos da própria existência. Ofereceu uma imagem otimista do homem, apresentando a saúde psicológica como antídoto para a doença e hostilidades das quais somos vítimas no dia a dia. Deu importante contribuição ao estudo da criatividade, principalmente por acreditar na capacidade do potencial humano, enfatizando o que ele tem de saudável. Assim, os principais representantes desta visão dedicaram seus estudos a este assunto.

Carl Rogers, um dos fundadores da Psicologia Humanista, desenvolveu a terapia centrada no cliente, na pessoa. Essa abordagem tem como hipótese fundamental que todo indivíduo possui dentro de si vastos recursos para autocompreensão, até mesmo para alterar seus autoconceitos, suas atitudes e comportamentos autodirigidos. Há um aspecto básico da natureza que leva o homem em direção a uma maior congruência e a um funcionamento realista; a isto Rogers chama de tendência à autoatualização.

Rogers acreditava que o ser humano possuía a propriedade de autoatualizar, ou seja, o impulso inerente de o homem desenvolver todos os seus potenciais. **A criatividade é um potencial e também tende a desenvolver-se.** Rogers a considera como proveniente da "mesma tendência que descobrimos a um nível profundo como força curativa da psicoterapia – a tendência do homem para se realizar a si próprio, para se tornar no que em si é potencial" (1970, p. 302). May (1992), outro importante humanista, vê o fazer criativo como uma forma do homem se autoconhecer, deixando o mais profundo dele mesmo tornar-se presente.

> A criatividade dá-nos uma graça no sentido em que é um bálsamo para nossas inquietações e um remédio que nos liberta da nossa alienação. É graça em virtude de seu poder de nos reconciliar com o mais profundo de nós mesmos, de nos levar a nossas próprias profundezas (p. 151).

A atualização do potencial criativo gera efeitos nos níveis intrapessoais (do homem com ele mesmo) e interpessoal (do homem com o mundo e com os outros homens). **No nível intrapessoal, o fazer criativo favorece essencialmente o autoconhecimento, a valorização e o contato com as emoções mais profundas, o exercício da liberdade imaginativa e uma maior autoaceitação.** Vale salientar a atualização da necessidade inerente e vital que o homem possui de se expressar. Já em um nível interpessoal, a atividade criativa contribui para uma melhor comunicação e relação entre os homens, mostra a importância de acreditarmos no potencial e nas novas ideias propostas por outras pessoas, ajudando o indivíduo a se posicionar de forma mais aberta ao novo, a novas experiências.

Por fim compreendemos que a psicologia humanista se configura como um dos pilares para o estudo terapêutico da criação. É relevante pensar a atividade criativa como força curativa e potencial inerente a todos os seres humanos.

2.2 Alcances da ação criativa

Quando se fala em criatividade, é preciso deter-nos em quatro pontos distintos: (1) a pessoa que cria, (2) o processo criador, (3) o produto criado e (4) as influências que causou. Estes quatro pontos estão intimamente ligados, um não existe sem o outro, embora possam ser estudados separadamente. É impossível falarmos em um produto (não necessariamente concreto) sem nos remetermos a quem o idealizou, sendo aí também importante sabermos a respeito do seu processo de elaboração e das influências internas e externas que recebeu.

Existem alguns tabus e ideias preconcebidas a respeito da criatividade: muitos nos remetem a um universo mágico somente permitido a alguns iluminados por este dom. Ainda encontramos pessoas acreditando que ser criativo é privilégio de artistas ou de alguns poucos escolhidos. Este potencial, no entanto, é inerente ao ser humano, portanto, presente em todos, independentemente de classe social, grupo étnico, profissão. Sendo a criatividade um potencial, necessita ser desenvolvido.

É importante que possamos elaborar nosso potencial criador através do trabalho, independentemente da profissão, pois a sociedade precisa de profissionais criativos em todos os setores do conhecimento (engenheiros, professores, cientistas, padeiros, músicos, psicólogos etc.). Grandes mudanças sociais acontecem por causa de pessoas criativas que souberam desenvolver seus potenciais. O fazer e o pensar criativo nos fazem explorar as possibilidades, tornando-as reais.

Durante anos, a maioria das pessoas não foi incentivada a exercer o potencial criativo. As escolas tradicionais, o trabalho mecânico e uma sociedade que incentiva a repetição contribuem para a atrofia deste potencial. Quando as coisas são entregues prontas, o homem não exercita sua imaginação e a criatividade tende a continuar adormecida. A criação implica em novidade e capacidade de imaginar novas situações, não em manter situações preestabelecidas. Assim, esta função vital continua sem ser desenvolvida. Quando o potencial criativo não é atualizado, as ações e reações do homem tendem a ser estereotipadas, mecânicas e passivas.

Neste sentido, Novaes comenta que:

> O processo educativo tem como objetivo desenvolver as potencialidades do indivíduo; deverão ser utilizados recursos que favoreçam não só a aquisição de conhecimentos, mas, sobretudo, a expansão e afirmação da personalidade do educando, podendo a capacidade criadora dos indivíduos ser desenvolvida e canalizada para diversas atividades e setores de realização pessoal (NOVAES, 1980, p. 116).

O estímulo ao desenvolvimento do potencial criador deveria começar nas escolas. A partir da educação infantil, as crianças poderiam ser incentivadas a fazer suas próprias aquisições de conhecimento, interagindo com materiais e situações diversas. O professor atuaria como um facilitador, não entregando nada pronto, mas sim estimulando a criança a descobrir criativamente o novo através das suas próprias respostas.

A criatividade pode ser desenvolvida através de fatores ambientais que estimulem a imaginação e a fluidez de ideias, gerando comportamentos criativos. Por outro lado, entende-se como repressão da criatividade quando essas condições não são oferecidas e o meio ambiente incentiva à repetição de modelos preestabelecidos.

A pessoa criativa imagina, explora as possibilidades, vai além da experiência imediata. Esta pode ser a principal importância psicológica da criatividade. Quem faz uso desta função vital tende a procurar soluções criativas para os conflitos diários.

Pensando sobre essa temática afirma Firestone:

> William J.J. Gordon acredita que há duas maneiras de ser criativo: (1) permitir que a própria imagem seja substituída por uma nova – tornando estranho o que é familiar – e (2) associar o estranho

> ao familiar para fazer uma ligação intelectual. Se a descoberta é dada ao mundo, é pública; se é usada para tornar o conhecimento acessível a nós mesmos (como um processo de aprendizado pessoal), é privada (FIRESTONE, 1998, p. 24).

O fazer criativo pode dar forma à multiplicidade de experiências e valores humanos, ampliando assim o nosso autoconhecimento. Paralelamente, possibilita a nós relacionarmos as suas experiências externas e internas, dando-lhes forma. Assim, criar é uma necessidade que impulsiona o crescimento e amadurecimento do indivíduo através da oportunidade de perceber a si próprio e as suas transformações naquilo que cria.

Finalmente, percebemos que a criatividade é diretamente influenciada pelo meio no qual estamos inseridos, tornando-se necessário investir no estabelecimento de espaços que estimulem o pensamento livre e a fluidez de ideias.

2.3 Transformações criativas nos grupos

A abordagem criativa é uma ferramenta que pode ser utilizada em qualquer contexto, no âmbito individual ou em trabalhos com grupos. Não existe contraindicação.

Especificamente, no trabalho com grupos, existem ações de largo alcance e um bom programa de estímulo criativo pode ser elaborado tendo em vista algumas definições sobre o grupo a ser abordado. Incitamos o uso do estímulo criativo para grupos de publicitários, professores, executivos, terapeutas, atletas, artistas dentre outros.

Usamos a metáfora marítima: quando se inicia o processo, é como colocar um barco no mar nunca antes navegado. Ter um mapa é fundamental, bem como a clareza da rota que desejamos seguir. Para facilitar o mapeamento das rotas se faz necessário um bom inventário inicial. Como pontos principais, é útil destacar:

- faixa etária do grupo;
- número de pessoas envolvidas;
- contexto no qual o grupo está inserido;
- objetivo do grupo;
- duração da intervenção criativa.

Uma vez obtidas as respostas para as questões, pode agora o facilitador debruçar-se sobre um planejamento. É importante deixar espaço para o acaso, que por vezes contribui bem mais que o planejado. É a chamada intuição criativa. Sobre isso, Shallcross afirma que "La intuición a nível físico se asociacon las sensaciones corporales, a nível emocional com sentimentos y a nível mental com imágenes e ideas" (2001, p. 23).

No entanto, para que possamos usufruir do intuitivo, é preciso cuidarmos de uma preparação teórica e conhecimento prático sobre algumas técnicas de estímulo criador. É a necessidade de termos um solo bem arado previamente. E, com isso, deixar que a intuição favoreça o trabalho.

Num estudo técnico, podemos nos focar no uso dos ativadores criativos, que consistem em ações específicas para que possamos pensar e agir em liberdade, soltando os bloqueios pessoais, educacionais e sociais. Prado afirma ser função dos exercícios de criativação "impulsar la autoestima y felicidad de todos, la capacidad y potencia para transformar el miedo em acciones transformadoras y convertirse em protagonista de la propia vida" (2001, p. 21).

Os ativadores criativos podem ser utilizados com numerosas combinações para que atendam à demanda específica do grupo. **É interessante perceber o movimento criativo como algo con-**

tínuo que se inicia na preparação dos materiais que servirão de estímulo.

Materiais de estímulo

↑

Seleção da atividade

↑

Intuição

↑

Ativadores criativos

Ao abrir ainda mais o leque dos pensamentos é possível sonhar uma sociedade inteira, que possa dispor da capacidade transformadora criativa. Na junção do sonho, pensamento estruturado e ação libertadora encontram-se formas de atuar para benefício de grupos em situações diversas. Especificamente no contexto atual onde cada vez mais nos é incentivada a produção mecânica e estéril, a exemplo de algumas insistentes práticas educacionais.

A ação criativa aparece contra a corrente que induz as pessoas a serem como uma grande massa facilmente moldada. Pela ação criativa, elas são levadas a descobrir sua própria fonte. Resumindo, podemos atuar como agentes da intensificação da vitalidade nos grupos, uma vez que, além dos objetivos específicos definidos por cada ação, teremos em comum o motor de entusiasmo que o estímulo criador favorece.

2.4 Condições favoráveis à criação

A profundidade da expressão criadora nos leva a pensar formas de estabelecer condições propícias à expressão livre e desinibida. **Repensar a rotina cotidiana que vivemos é uma chave.** O tempo habitualmente destinado à fantasia deve ser conservado e estimulado. O contato com ambientes e obras artísticas inovadoras favorece o princípio da ampliação imagética.

Jodorovisky nos propõe a poesia. Ler e escrever com frequência diária com o intuito de soltar as amarras do pensamento condicionado. Na brincadeira com as palavras, sugere que possamos amplificar o sentido de alguns termos que usamos com frequência no dia a dia. Eis o que este autor nos indica como exercício criativo:

> - Nunca *por* muy pocas veces.
> - Siempre *por* a menudo.
> - Ladrón *por* alguien que se apoderó de algo ajeno.
> - Infinito *por* extensión desconocida.
> - Eterno *por* fin impensable.
> - Eres mi maestro *por* me enseñas a aprender de mí mismo (JODOROVISKY, 2001, p. 120).

Ampliando o sentido das palavras, podemos estimular a fluidez verbal necessária ao ato criativo. Dessa forma, acrescentamos novas habilidades ao repertório que possuíamos. Ter um repertório pessoal repleto e rico em imagens é facilitar a criação. As estratégias que favorecem o trabalho criativo visam desenvolver recursos objetivos e subjetivos. Objetivamente, criamos produtos, subjetivamente, criamos um repertório imaginativo. Jodorovisky compara a imaginação e a criatividade. De acordo com esse autor:

> La imaginación es un juego de construcción que tenemos. Por diversos caminos vamos adquirien-

> do materiales, palabras, emociones, deseos, necesidades, sensaciones, percepciones. Todos estos materiales los organizamos com nuestra conciencia racional, de la manera en que hemos aprendido. Aunque seamos primitivos em el proceso de identidad y em conocer nuestras propias posibilidades, los organizamos. Em el cerebro, todas estas piezas se acumulan y se pueden mezclar y ordenar con formas diferentes, como em el juguete Lego. En este proceso no contamos solamente com lo que nos viene dado de fuera, adquirido, sino com lo que se encuentra, misteriosamente, em nuestro cerebro; lo que llamamos inconsciente. La imaginación es crear com estos materiales (JODOROVISKY, 2004, p. 167).

Mudanças nos padrões pessoais podem acontecer em decorrência da liberação da ação criativa. Principalmente quando anteriormente observamos a existência de bloqueios afetivos. Referimo-nos às situações onde precariedade da vida afetiva gera um empobrecimento criador. Naturalmente, a criatividade deve permear os aspectos da vida diária ajudando a imprimir sentido ao cotidiano. Uma vida afetiva fértil deve ser repleta de condições que favoreçam o desenvolvimento pessoal. A curiosidade é, portanto, um requisito ao processo. Entendemos aí que dentro de nós mora a principal fonte inibidora da criação.

Socialmente somos com frequência estimulados à massificação das experiências, o que acaba gerando uma série de bloqueios à ação criativa e divergente. Identificamos os seguintes pontos como principais bloqueios gerados pela instabilidade afetiva:

- baixa autoestima;
- falta de confiança em si próprio;
- medo;

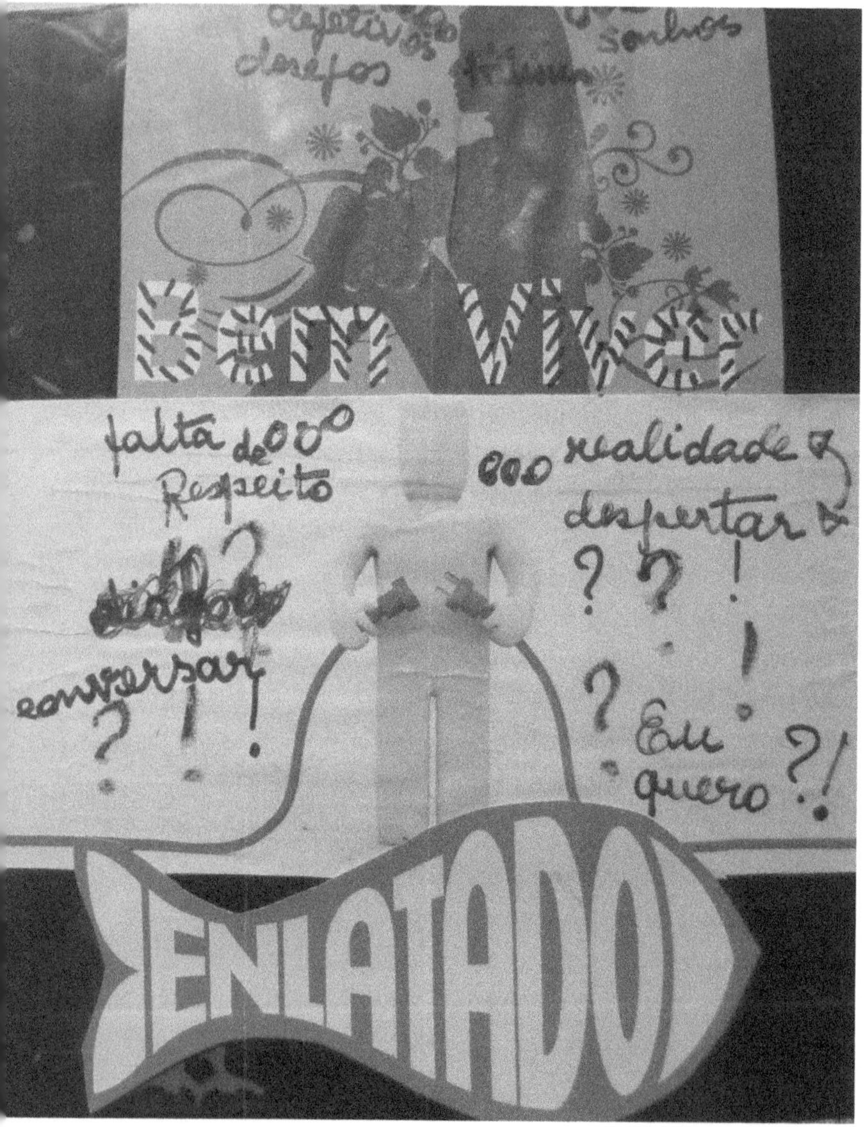

Figura 4 Enlatado
Criada por F. nos Encontros de Estímulo à Criatividade referindo à dificuldade emocional para vida criativa.

- ansiedade;
- conformismo;
- excesso de julgamento;
- falta de autoconfiança.

A constatação nos coloca o desafio de trabalhar, ou trazer à tona, as questões da vida pessoal para libertar nossos bloqueios. É necessário ouvirmos as histórias vivenciadas para imprimir um novo sentido. Olharmos para todas as frases limitadoras que foram ouvidas por anos consecutivos. A escuta contínua dessas frases nos leva acondicionar nosso modo de pensar e agir. O trabalho criativo deve favorecer o descondicionamento, para que possamos começar a formar não mais frases limitadoras, mais sim instauradoras da criatividade.

Segue exemplo:

Tabela 1 Frases limitadoras e frases instauradoras

Frases limitadoras	Frases instauradoras
Isso é perda de tempo.	O que você fez alegrou meu dia.
Faça só o que mando.	Procure outras alternativas.
Não pense bobagens.	Deixe-se levar pela fantasia.
Você não consegue.	Você pode tentar novamente quando desejar.
Você não pode.	Explore o universo ao seu redor.

No intuito de criar condições favoráveis à criação, é indicado que estejamos atentos ao universo que nos circunda, para que esse seja estimulante, e aos padrões mentais que somos levados a construir, para que esses não interrompam o fluxo. Desta forma, poderemos ter um dia a dia fértil, flexível e repleto de ideias. Em resumo: uma forma eficiente de manter um cotidiano criativo é estabelecer um ritmo de contato frequente com fontes estimulantes.

Figura 5 Memórias
Imagem projetada na pele de M. nos Encontros de Estímulo à Criatividade.

3
Os achadouros: arte, psicologia analítica e o processo criativo

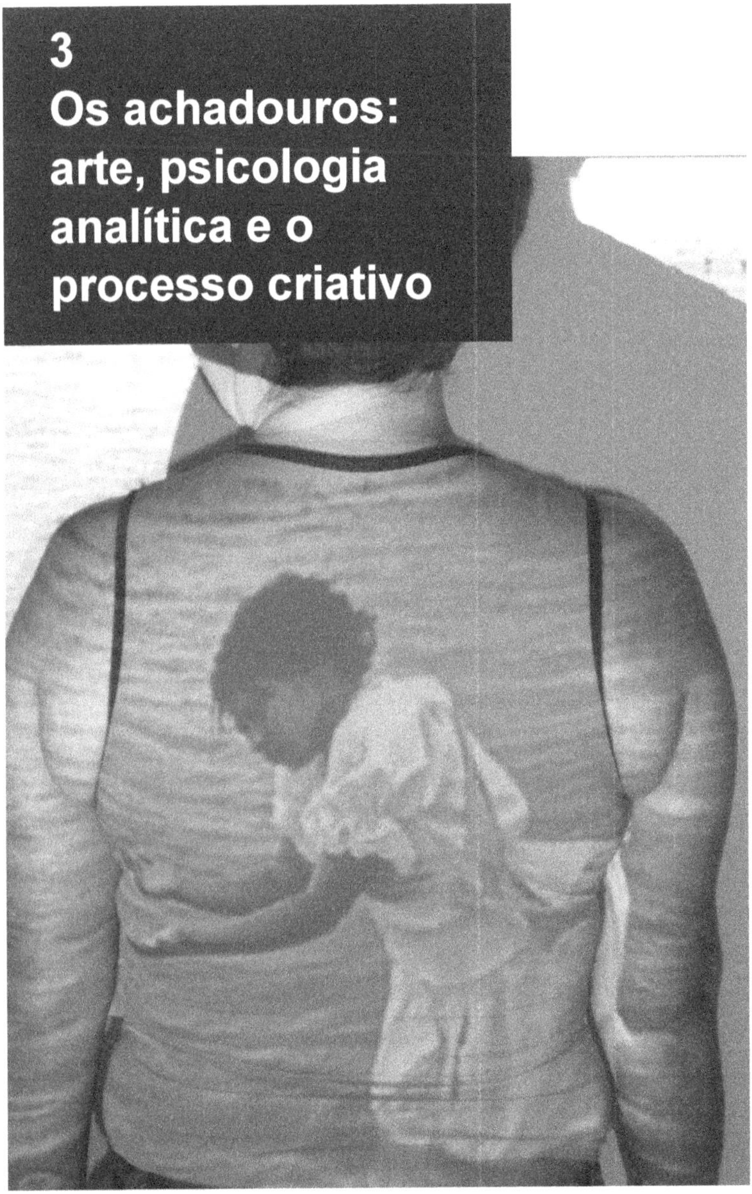

Estabelecemos relações entre o mundo subjetivo e objetivo. Revisitamos as memórias de infância e outras ainda mais antigas, as memórias ancestrais. Recolhemos pedaços da nossa história para que possamos saber onde mora a nossa experiência criadora.

> A alma deve ser a metáfora primária da psicologia. Psicologia (*logos* da *psique*) etimologicamente significa: razão, discurso ou narrativa compreensível da alma. É trabalho de psicologia encontrar um *logos* para a psique, e prover a alma com uma narrativa adequada de si mesma (HILLMAN, 1995, p. 40).

O estudo e a vivência da criatividade fazem sentido quando pensamos em uma maior harmonia do homem com o mundo que o cerca e com o mundo que o habita. Os paralelos entre essas realidades servem de inspiração às reflexões que se seguem, envolvendo homens, mulheres, histórias de ser e estar no mundo. Inventando e reinventando formas de relação e ação.

Concordamos com a visão de Prado quando ele descreve o propósito da ação criativa:

> Em definitivo, lo que buscamos es que el sujeto consiga pensar y expresar de um modo integral todas aquellas cosas que hay em su pensamento, todas aquellas imágenes e impresiones que alma cena su cérebro y que son estimuladas por las formas de percepción de si de tal modo que su crea-

> tividad y expresión facilita la integración de toda esa diversidad caótica de contenidos múltiples em una unidad psicosomática intensiva y expresiva de carácter creador (PRADO, 2001, p. 16).

É relevante, neste contexto, o aporte de um poeta. Especificamente o texto "Achadouros da infância" construído por Manoel de Barros. Nele, o autor percorre suas memórias de menino e, lentamente, vai trazendo à consciência histórias antigas.

> Pombada contava aos meninos de Corumbá sobre achadouros. Que eram buracos que os holandeses, na fuga apressada do Brasil, faziam nos seus quintais para esconder suas moedas de ouro, dentro de grandes baús de couro. Os baús ficavam cheios de moedas dentro daqueles buracos. Mas eu estava a pensar em achadouros de infâncias. [...] Sou hoje um caçador de achadouros da infância (BARROS, 2010, p. 67).

A imagem sugerida é a existência de pequenos tesouros enterrados, alguns até mesmo soterrados embaixo da nossa própria pele. Eles consistem na memória, história de vida e todos os gostos e sabores apreendidos pelo caminho. Imagens recolhidas pela interação de uma pessoa com a realidade circundante, e outras mais antigas pertencentes à herança ancestral.

A sabedoria pessoal é tecida como um grande tecido multicor e repleto de formas. Como sugere Barcellos a respeito das imagens:

> [...] as imagens são o meio através do qual toda a experiência se torna possível. Elas têm uma qualidade autônoma, independente, e indicam complexidade: em toda imagem há uma múltipla relação de significados, de disposições, de preposições presentes simultaneamente (BARCELLOS, apud HILLMAN, 1995, p. 11).

Em suma, o ato criativo surge como aliado no processo de autoconhecimento. A cada obra construída teremos a visão de algum aspecto relevante da nossa vida psíquica.

3.1 Esconderijos da contemporaneidade

A rapidez, a pressa, a falta de contato, o distanciamento da natureza acabam gerando significativas armadilhas, sintomas de sofrimento psicológico e afastamento da verdade primordial de cada um. Os elementos reestruturadores da vitalidade diária parecem estar desaparecidos, encobertos pela poeira do modo de vida do homem contemporâneo. Diante desse distanciamento de nós mesmos, surgem as questões:

- Onde estão as verdades?
- Como achar a trilha pessoal?
- Por onde começar a busca e o resgate dos tesouros soterrados?
- Como informar as pessoas a respeito dos meus principais tesouros?
- O que fazer com os achados?

> O mundo dissociado tecnológico é o mundo das guerras destrutivas que tomaram uma dimensão nunca vista no século passado, acompanhado de grandes crises sociais. Estamos em um momento de grandes mudanças permeadas de grandes crises. Na verdade, estamos vivendo uma grande crise paradigmática. A perda das certezas metafísicas, nas palavras de Jung, mergulhou a humanidade em grande crise de identidade, de desencontro consigo próprio (BOECHAT, 2008, p. 158-159).

Existe uma verdade pessoal a ser restituída. Ações do coração, que parecem ter sido engolidas pela vida mecânica, desprovida de sentido e criação estimulada na contemporaneidade. **A arte do reencantamento pode ser uma das respostas procuradas – o contato com materiais expressivos ajudando a reanimar criativamente, colocando tridimensionalidade nas emoções.**

> O homem moderno, entretanto, é racional demais, inteligente demais, demasiadamente conhecedor de tudo, afastado da natureza e de suas contradições, e não leva a sério suas próprias intuições e as imagens que surgem de sua alma (JAFFÉ, 1995, p. 149).

Dessa forma, segue na solidão, limitado pelas suas incertezas e por um cotidiano longe demais da ação criativa.

Existe um medo velado de propor ações que saiam do roteiro predeterminado socialmente. E a ação criativa vem romper esta estrutura rígida e fechada. Propõe liberdade, desprendimento, como afirma Cavalcanti:

> O ato criativo é o processo de se arriscar, de se jogar no desconhecido, de mergulhos nas fontes fertilizadoras, da viagem interna em busca da compreensão da essência das coisas. O desejo de criar move para o contato com o informe pela necessidade de dar forma, de arrancar da terra coisas vitais para alimentar a consciência (1993, p. 51).

Seguindo esse pensamento (criar é abrir-se ao contato com a essência das coisas), vem à lembrança a necessidade da arte como guia no caminho de restaurar a humanidade na pessoa. Humanidade, aqui compreendida como capacidade de maravilhar-se com o todo existente e autônomo que cria e conduz a vida.

Resumindo, através da criação no cotidiano poderemos imprimir sentido e cores ao dia a dia. A profundidade da expressão criativa estimula a capacidade de romper com a mecanização do mundo.

3.2 A arte como mapeamento psíquico

Historicamente, o ser humano sempre teve uma relação próxima com o mundo artístico. Esta relação, dependendo do contexto histórico, assumia uma função específica. Há um amplo referencial que engloba desde o pensamento mágico da arte rupestre até a crítica social contundentemente presente na arte contemporânea.

A expressão imagética é necessária à condição da existência humana. Os primeiros registros são ainda muito próximos da qualidade mágica, o que favorece a livre expressão dos conteúdos internos. "Segue-se que, na arte primitiva, deparamos com a arte no sentindo integral da palavra: arranjos formais exprimindo atitudes emocionais" (READ, 1978, p. 53). O que já se configura como um importante fator no caminho do autoconhecimento, ou melhor, no processo de restauração da vida imaginária. É a forma traduzindo sentimentos. Afirma Read:

> A história da arte, desde o estádio primitivo [devendo-se lembrar, entretanto, que o que é primitivo não é forçosamente inferior] até as conquistas mais civilizadas da arte clássica ou gótica, acompanha e depende da evolução paralela da atitude emocional do homem [...] (1978, p. 56).

A arte sempre caminhou como reflexo espontâneo da realidade interna e externa humana. As linhas, cores, e palavras expressas na obra, surgem como retratos *ideoafetivos* a serem transmitidos às futuras gerações. Arte é comunicação. E isto nos é permitido através da contemplação da vivência compartilhada dos sentimentos e ideias de outrem. Segundo Hilmam (1995, p. 27), "a fonte de imagens – imagens oníricas, imagens de fantasia, imagens poéticas – é a atividade autogeradora da própria alma". Logo, o trabalho do artista consiste em uma comunicação anímica. É a materialização estética da energia psíquica.

E a materialização da energia psíquica tem uma função estruturante. Na verdade, a sensação é de que o mundo imagético é grande demais, e necessita se configurar externamente. Pois, entendendo o homem como um ser originalmente abundante, repleto de imagens que compõe a sua história ancestral, a produção expressiva nasce da absoluta necessidade: de informar, compartilhar, falar, possuir, mostrar o que já existe e também propor o novo. Neste processo, a arte vem possibilitar-lhe entrar em contato com aquilo que o impressiona e que lhe causa desconforto. Como sugere Andrade:

> A obra de arte é a concretização da vida psíquica, uma forma encontrada pelo homem de atinar com as sensações e percepções frente à realidade que o impressiona e gera sensações conflituosas. O criar e o produto da criação podem se tornar o porta-voz desse ensaio de resolução de conflitos (2000, p. 33).

Ou seja, refletindo sobre o ato e sobre si mesmo em constante movimento.

> A descida ao inconsciente é um movimento necessário para a fertilização do mundo consciente. Sem introspecção não pode haver a emergência das sementes criativas. Sem reflexão, que é o dobrar-se sobre si mesmo, não há o desenvolvimento do pensamento (CAVALCANTI, 1993, p. 80).

Este ponto já conduz além da inicial representação estética proposta pelo artista. Em síntese, os registros mostram que a necessidade de expressão está presente em todas as fases da evolução humana. A obra de arte se apresenta como representação concreta da vida criativa.

3.2.1 Do mundo objetivo ao mundo subjetivo

Configura-se a História da Arte como mapeamento simbólico e histórico da humanidade. "A história da arte é o lugar do conhecimento humano que dialoga com a trajetória dessas modificações simbólicas do pensamento coletivo por meio de sua visibilidade" (RAVENA & SAVIANI, 2004, p. 299). Já não são somente os atos heroicos registrados historicamente, as lutas e invenções, mas também as imagens particulares registradas e a tridimensionalidade dos fatos na visão pessoal do artista.

> Na verdade, o milagre da linguagem da arte não é o fato de permitir ao artista criar a ilusão da realidade. É o fato de, nas mãos de um grande mestre, a imagem se fazer translúcida. Ensinando-nos a ver o mundo sob um novo aspecto, ela nos dá a ilusão de enxergarmos o interior das esferas invisíveis da mente. Basta, como diz Filostrato, saber usar nossos olhos (GOMBRICH, 1986, p. 340).

E, desta forma, acordar os sentidos instaurando principalmente a visão, que passeie sempre de dentro para fora, mas também de fora para dentro.

Com o advento da arte moderna, a obra artística passa também a falar intencionalmente da subjetividade humana. Retratam histórias, formas de sentir o cotidiano e interagir com o mesmo. Os movimentos que nasceram nessa época têm como influência o modo de vida interior das pessoas, não mais o mundo objetivo. Também os artistas passam a valorizar a fonte ancestral. Conforme Klee (2001, p. 66) "as obras de arte não só reproduzem com vivacidade o que é visto, mas também tornam visível o que é vislumbrado em segredo".

Surge uma mudança de sentido que acaba acontecendo como reação espontânea à condição social vigente: quanto

maior o aprisionamento e a necessidade do *logos* no cotidiano, tanto maior a vivência de um *eros* na criação artística.

> Praticamente toda a arte moderna, pós-romântica, é fruto de improvisação; toda ela é dependente da ideia de que sentimentos, estados de ânimo e inspirações são mais fecundos e estão mais diretamente relacionados com a vida do que a inteligência artística, a deliberação crítica e o plano preconcebido. Consciente ou inconscientemente, toda a moderna concepção de arte está baseada na crença de que os elementos mais valiosos da obra de arte são produto de percalços inesperados e voos de fantasia, numa palavra, dádivas de uma misteriosa inspiração, e de que a melhor coisa que o artista tem a fazer é deixar-se levar pela própria capacidade de invenção (HAUSER, 1998, p. 766-767).

Abreviando, o acompanhamento dos movimentos artísticos através do estudo da história da arte nos oferece uma visão dos caminhos criativos e imaginativos. Mostra-nos, com o advento da arte moderna, o espaço para o registro do pensamento subjetivo.

3.2.2 O inconsciente criativo de Jung

O advento da psicanálise insere uma nova forma de olhar o fazer artístico ao propor que as obras expressam conteúdos inconscientes do autor. Freud se deteve um pouco na interpretação de algumas obras, dentre elas o Moisés de Miguel Ângelo e, através desse olhar, elaborou toda uma forma de leitura e interpretação à luz dos conceitos e pressupostos teóricos da psicanálise, sempre sob uma ótica da história pessoal do artista.

> Para Freud, a criação artística é produto de uma função psíquica, denominada sublimação. A psicanálise estabelece conexões entre a libido e o

> impulso criador; este seria resultante de desejos sexuais e agressivos sublimados, pela canalização de parte da energia psíquica primária e instintiva para uma representação simbólica do objeto primevo de satisfação. Desta forma, a arte passa a ter um valor como observação terapêutica, com possível uso diagnóstico (ANDRADE, 2000, p. 51).

Contemporâneo de Freud, Carl Jung também dedicou profunda atenção ao assunto. A concepção junguiana de homem e sua relação com arte, imagem, poesia e transcendência surge como uma abertura para a expressividade. **Atividade artística não seria só uma forma de desnudamento da história pessoal do artista, mas também um instrumento que poderia ser utilizado no processo de análise.**

A Psicologia de Jung é essencialmente humanista, isto é, confere importância maior ao ser humano e realça seus sentimentos, vivências e potencial. A abordagem junguiana surgiu das observações clínicas e, sobretudo, das vivências de Carl Gustav Jung. Ele acreditava no ser humano como saudável, e em constante desenvolvimento. Desta forma, na sua teoria, o estudo do potencial criativo não foi deixado de lado, mas assume fundamental importância no processo de crescimento do humano.

> Os conteúdos do inconsciente de Freud referiam-se apenas à vida pessoal do indivíduo, à infância em particular, enquanto o inconsciente coletivo, descobriu Jung, alargava imensamente as perspectivas da psique individual. Isso se deve ao fato de essa descoberta revelar que a psique individual está flutuando, por assim dizer, em um oceano compartilhado por toda a nossa espécie (EDINGER, 2004, p. 16-17).

Criação e reflexão se encontram em movimentos complementares, ajudando o terapeuta a ampliar a compreensão sobre os fenômenos psíquicos. Como exploradores do mundo interno, os terapeutas lançam mão de seus principais instrumentos de atuação: estímulos ao pensar criativo, ativo e divergente, procurando também olhar para os símbolos espontaneamente criados pela psique.

A psique, na concepção de Jung, compõe-se de um inconsciente individual e um coletivo, além da parte consciente. De acordo com Silveira "pode-se representar a psique como sendo um vasto oceano (inconsciente) no qual emerge uma pequena ilha (consciente)" (1994, p. 73). A parte consciente da psique tem no ego o seu centro regulador e é formada, como o próprio nome já diz, pelos conteúdos acessíveis à consciência. O inconsciente pessoal contém material de origem individual – aquisições do ser humano desde o momento de sua concepção que não estão presentes no consciente. Já o inconsciente coletivo possui um caráter impessoal, mitológico, arquetípico – é o depositário de relíquias comuns a toda raça humana. **Em suma, temos os conceitos de inconsciente pessoal e coletivo como rotas na exploração do trabalho criativo. O inconsciente seria um grande depositário de imagens para a criação.**

3.2.3 Arquétipos e símbolos

Um arquétipo pode ser entendido como uma matriz para as experiências humanas. Para Silveira, são "possibilidades herdadas para representar imagens similares, são formas instintivas de imaginar" (1994, p. 78). Partindo deste conceito de padrões arquetípicos encontra-se, por exemplo, temas míticos similares em diversas culturas diferentes. Nas palavras de Jung:

> Há tantos arquétipos quantas situações típicas na vida. Intermináveis repetições imprimiram essas

> experiências na constituição psíquica, sob a forma de imagens preenchidas de um conteúdo, mas precipuamente apenas formas sem conteúdo, representando a mera possibilidade de um determinado tipo de percepção e ação (JUNG, 2000, p. 58).

Segue tabela com alguns dos principais padrões arquetípicos vivenciados:

Tabela 2 Principais padrões arquetípicos vivenciados

Arquétipo	Características	Ações fundamentais
Pai	Desenvolver a consciência, a razão.	Capaz de proteger, orientar, trazer a lei.
Mãe	Gerar e nutrir a vida.	Capaz de oferecer acolhimento, cuidado, sabedoria e suporte.
Herói	Percorrer longo caminho repleto de obstáculos para alcançar a meta.	Capaz de mergulhar na jornada, assumir riscos, viver a superação.
Vítima	Ferido, prejudicado, injustiçado.	Apresenta sentimento de carregar uma parcela maior do que deveria e sofrer negligência de cuidados.
Embusteiro	Viver falsa realidade, enganador.	Capaz de fazer truques, sair do convencional, não se submeter às leis.
Arauto	Mensageiro, servidor.	Capaz de trazer as primeiras notícias e marcar o início de mudança.
Guardião	Proteção e cuidado.	Capaz de advertir, guardar a passagem, o tesouro ou caminho.
Guerreiro	Coragem, destemor e sacrifício pessoal.	Capaz de desenvolver ações de liderança, honrar, respeitar o caminho e provocar mudanças.
Curador	Força e energia para estabelecer mudanças físicas e mentais.	Capaz de manter a própria saúde, do grupo e do ambiente.

Sabotador	Comportamento destrutivo.	Capaz de manipular informações e ações, dificultar a finalização do trabalho ou cumprimento da meta.
Servo	Disponibilidade sem limite para o outro, obediência.	Capaz de atender solicitações sem questionamento.
Visionário	Pode ver além das aparências.	Capaz de propor ações e ideias ainda não executadas e pouco usuais levado principalmente pela intuição.

Vale aqui ressaltar que para ação criativa é necessário a ativação de padrões arquetípicos. É importante que possamos contar as habilidades e características do herói, do visionário, do arauto, do guerreiro, do guardião, dentre outros. No entanto, podemos afirmar que essencialmente o ato criador é um convite a percorrer o caminho do herói. Nesse caminho encontramos obstáculos e dificuldades que, com determinação, podem ser vividos e integrados à criação.

Dentro do conceito de arquétipo é preciso falar dos símbolos. Em todo símbolo está presente uma imagem arquetípica. Por isto, é possível dizer que o símbolo tem como característica ser, ao mesmo tempo, universal (como a cruz, por exemplo) e individual, pois seu significado mais profundo varia de pessoa para pessoa de acordo com suas experiências individuais. É importante frisar que é através dos símbolos que entramos em contato direto com os conteúdos do inconsciente.

Requeremos uma reflexão sobre a teoria junguiana e sua relação com a criatividade. Partindo desse ponto, abre-se o foco para o trabalho expressivo como ferramenta indispensável ao caminho. Jung considera:

> A produção imagética espontânea, os sonhos, as fantasias e as expressões artísticas como fontes vitalmente indispensáveis de informação e orientação [são] fornecidas pelo aspecto saudável – não o patológico – da psique (apud WHITMONT, 2008, p. 34).

A meta na Psicologia Analítica é a escavação dos tesouros. O processo de individuação consiste num trabalho arqueológico, onde as escavações são feitas na nossa própria pele, na profundidade.

Nas palavras de Jung:

> O espírito da profundeza ensinou-me inclusive a considerar como dependentes dos sonhos meu agir e meu decidir. Os sonhos preparam a vida e eles te determinam sem que entendas a linguagem. Nós gostaríamos de aprender essa linguagem, mas quem é capaz de ensiná-la e aprendê-la? Pois só a erudição não basta; existe um saber do coração, que dá esclarecimentos mais profundos. O saber do coração não é possível encontrá-lo em nenhum livro e em nenhuma boca de professor, mas ele nasce de ti como grão verde, da terra preta (2010, p. 233).

A individuação é vivida como um processo, pois é caminho sem término durante a vida. Os achados, símbolos e histórias têm inúmeros desdobramentos, levando-nos diretamente às nuanças da nossa própria história. Cabe a cada um trazer tudo isto à vida consciente para montar as peças desse grande jogo no qual estamos inseridos com o papel principal.

> A individuação só prossegue o seu caminho de modo significativo em nossa existência diária. A aceitação da vida tal qual é, com sua banalidade e singularidade, com o respeito pelo corpo e suas exigências, equivale tanto a um pré-requisito da

> individuação como a um relacionamento com o seu semelhante (JAFFÉ, 1995, p. 83).

Jung fala em energia psíquica, fonte de saúde e movimento na vida. Logo, fonte criativa. Energia deve estar em movimento, ação, para que o estado de saúde seja efetivado nas ações do dia a dia. É um movimento de progressão e regressão, mediando nossa adaptação às situações da vida objetiva e da vida simbólica. O estado saudável está sempre entre análise e síntese.

> Não pode haver evolução apenas com intenção e vontade. É preciso que haja também o símbolo atrativo, cuja quantidade de valor supere o da causa. Também não pode haver formação do símbolo sem que a alma se detenha, por um tempo bastante prolongado, nos fatos elementares, isto é: até que a necessidade interior ou exterior do processo vital produza uma transformação na energia (JUNG, 2002, p. 33).

É sugerida uma grande dança entre emoção, imagem e ação. Toda concepção junguiana abraça a ação criativa como um dos pilares da estruturação emocional. A ação criativa das pacientes focalizadas neste estudo revelou-se um pilar de sua reestruturação emocional. Clarke nos diz que:

> A vida da psique, embora elevando-se da vida orgânica, transcende-a, porém, pelo poder de criação do si mesmo. Para Jung, a psique possuía essa qualidade especial, talvez única no universo, de criar a si mesma através de sua própria atividade (1993, p. 143).

A ideia dos arquétipos, da compreensão das imagens simbólicas individuais e coletivas fala do próprio pensamento criativo e divergente de Jung. Para a formulação da sua teoria psicológica, necessitou de uma flexibilidade ideacional capaz de utilizar contribuições de várias áreas que até então não convergiam.

O teórico bebeu na mitologia, no estudo dos homens primitivos, nas imagens alquímicas, imagens trazidas pelo tarô, nas concepções astrológicas, no mundo do fazer artístico. **A psique junguiana é imagem e a pessoa compreende a si mesma e ao mundo através desse ato.** Como afirma Boechat:

> A imagem é a linguagem fundamental da alma e os símbolos são a chave para a compreensão das imagens. Os mitos, por sua vez, são estórias simbólicas que se desdobram em imagens significativas, que tratam das verdades dos homens de todos os tempos (2008, p. 21).

No dia a dia vamos formando o nosso repertório mítico pessoal através das principais imagens simbólicas mencionadas nas histórias. Criativamente, nós, humanos, tornamo-nos personagens míticos com as mesmas aspirações e desejos. Quantas mulheres já não sentiram na pele, tal como Deméter, a suprema falta de seus filhos e perderam a própria vitalidade quando já não era mais necessário o papel principal da maternidade? Continuando o tema, Eliade esclarece:

> O pensamento simbólico não é uma área exclusiva da criança, do poeta ou do desequilibrado: ela é consubstancial ao ser humano; precede a linguagem e a razão discursiva. O símbolo revela certos aspectos da realidade – os mais profundos – que desafiam qualquer outro meio de conhecimento (2002, p. 8).

O interessante é que esse tema nos aproxima enquanto Humanidade – o tempo emocional é atemporal.

> O inconsciente tem sua estrutura que foge às regras do espaço e do tempo. A reaparição no homem contemporâneo de ideias, configurações psíquicas e imagens sempre presentes em outros povos e outras épocas pode ser melhor entendida

> como a reatualização de estruturas arquetípicas do inconsciente coletivo assim como definiu C.G. Jung (BOECHAT, 2008, p. 166).

O conceito de inconsciente coletivo é inserido no pensamento de vanguarda e confere ao ser humano uma capacidade imaginativa e ideativa sem fronteiras. **A fronteira do imaginar pertence a todas as fantasias, sentimentos e ações da humanidade – temos todos uma abundante e comum fonte.**

> A grande variedade de técnicas práticas criadas por Jung em seu trabalho clínico, tais como a imaginação ativa e a terapia pela arte, constitui testemunho de sua convicção de que o inconsciente devia ter liberdade para falar em sua própria linguagem – e que não é necessariamente a linguagem da fala articulada (CLARKE, 1993, p. 150).

Esse mesmo autor também comenta:

> A principal contribuição de Jung ao pensamento moderno reside na revalidação e reformulação que fez da ideia muito antiga de que o homem é uma espécie de cosmo – um microcosmo – e que a mente, ou psique, é tão real, tão complexa e tão cheia de maravilhas como o mundo em geral – o macrocosmo (CLARKE, 1993, p. 131).

Em síntese, os conceitos de inconsciente coletivo, arquétipos, símbolos, energia psíquica são relevantes para o estudo psicológico da criatividade. O estudo das imagens simbólicas e mitológicas nos auxilia a compreender o sentido das imagens e fantasias produzidas.

3.3 A clínica como experiência criativa

A psicologia analítica sugere sempre a relação com o criar. O terapeuta cria quando propõe técnicas específicas, e a clínica inclui o uso de diversas práticas para promover uma aproximação entre o mundo simbólico e a consciência. Com isto, a flexibilidade ideacional é requisitada ao profissional, tornando necessário seu mergulho na história trazida, estabelecendo relações simbólicas e propondo ações que ajudem o paciente a amplificar sua teia de relações, favorecendo a compreensão da sua vida pessoal e ancestral.

O paciente cria, no momento em que abre a sua caixa simbólica e começa a fazer novas relações a respeito da sua própria história. Em todo tempo, são necessários: o movimento e a introspecção, a ação imaginativa e a reflexão sobre os achados. "A imaginação criativa nasceu do ser total da psique, tanto consciente quanto inconsciente" (CLARKE, 1993, p. 143).

Estimulando a imaginação e a fantasia podemos ajudar a desenvolver o potencial criativo. Fantasiar e imaginar nos abre o portão para o mundo das possibilidades, do novo e também do nosso mundo interno, dando voz ao inconsciente. **A teoria e a prática psicoterápica baseada nas ideias de Jung enfatizam o uso da fantasia e da imaginação.**

Cabe evocar a definição de Neumann sobre fantasia:

> Uma função do desejo regressivo, mas uma forma antecipatória à vida. A fantasia de um mundo transformado é o primeiro estágio para sua efetiva transformação e não deve ser confundida com pensamentos fantasiosos regressivos, típicos dos devaneios neuróticos que fogem no mundo. O mundo da arte [...] da cultura e da civilização, com todas as suas invenções, incluindo a invenção da ciência, provém da fantasia criativa do homem. O que determina se um homem está doente ou saudável não é a intensidade da sua vida de fantasia, mas sua capacidade ou incapacidade para transformá-la em realidade (1973, p. 144).

Conforme anteriormente mencionado, o processo de individuação é um movimento de tomada de consciência da totalidade do ser, trazendo conteúdos inconscientes à consciência. A fantasia criativa é, dentro deste processo, um importante recurso a ser utilizado para promover o autoconhecimento. Jung assevera que no "processo de fantasia criativa, os conteúdos psíquicos da esfera do inconsciente penetram no consciente" (1997, p. 32).

Enquanto fantasiamos, imaginamos e, por fim, criamos, estamos atualizando as funções "sentimentos" e "intuição". A herança cartesiana do *cogito ergo sun* (penso, logo existo) contribuiu, consideravelmente, para que estas funções se mantivessem adormecidas na maioria das pessoas, pois para ser homem era preciso acima de tudo ser racional, agir mecanicamente e atualizar somente o pensamento e a sensação. As pessoas não podiam confiar nas outras funções, pois não eram aceitas socialmente.

O resultado da negação ou não atualização dessas funções é que a personalidade total não se desenvolve e nossas potencialidades são deixadas de lado. A intuição e o sentimento nos levam a um maior contato com nossa realidade interna e com o mundo das emoções. Além disso, quando estamos criando algo, é necessário estarmos afetivamente comprometidos e acreditarmos em nossas intuições.

Referindo-se a Jung, Hillman lembra que:

> Ele descreve cinco grupos de instintos básicos: fome, sexualidade, impulso para a atividade, reflexão e, por último, o instinto criativo. Sendo um instinto, o criativo é uma necessidade da vida, e a satisfação de suas necessidades um requisito para vida (JUNG, apud HILLMAN, 1984, p. 39).

Estando a criatividade ligada a uma dimensão instintiva, podemos dizer que ela consiste em uma experiência básica do ser humano e, portanto, possui um caráter arquetípico. **Resumindo, a clínica junguiana surge como espaço criativo onde o mundo simbólico é explorado através de técnicas que incentivam a produção de imagens e fantasias.**

3.4 Arteterapia: caminho criativo

Nascida em terreno híbrido, a arteterapia se configura como uma proposta de ação no resgate do mundo imaginário. Esse campo, alimentado pelas teorias psicológicas e pelo campo das artes, tem ganhado corpo no século XXI. **A prática da arteterapia desafia os arteterapeutas a estabelecer ações para instaurar núcleos de saúde, trazendo consciência às ações cotidianas e utilizando para isso a capacidade humana de criar imagens e atribuir sentido.**

O caminho para a abundância imagética está presente em toda vida humana. Valioso recurso utilizado na prática arteterapêutica é a narração de histórias da tradição oral. A narrativa permite circundar temas arquetípicos com a poesia da voz. Cada material expressivo assume função específica nas mãos do arteterapeuta. Tintas, pincéis, recortes, canetas, lápis, barro, fotografias, materiais orgânicos contribuem para o processo de restaurar o imaginário. Cada material com sua propriedade e função específica.

A materialização dos símbolos propiciada pelo uso dos materiais expressivos é o que conduz a prática arteterapêutica. Nas palavras de Philippini (2009, p. 17):

> Cada vez que um símbolo é produzido no processo terapêutico, seus significados inconscientes demandam propostas de atividades criativas para desvelá-los. O percurso e os caminhos da criativi-

dade em torno de uma imagem, em busca de seus significados ocultos (circum-ambular), requerem a combinação de atenção global e da possibilidade de disponibilidade de utilizar múltiplas modalidades expressivas, reconhecendo suas indicações terapêuticas.

Segue tabela resumo dos principais materiais (ferramentas em arteterapia) e suas funções:

Tabela 3 Principais materiais (ferramentas em arteterapia) e suas funções

Ferramenta	O que favorece
Pintura	Capacidade de expansão, vivência lúdica e cromática.
Desenho	Percepção objetiva, analítica, vivência de contornos e limites.
Histórias	Ampliação de situações vividas, reflexões, soluções criativas, aumento do repertório imagético.
Sucatas	Ressignificação, reconstrução, seleção, composição de nova realidade.
Fotografias	Trabalho no olhar a autoimagem, ver situações por vários ângulos, exploração do cotidiano.
Colagem	Capacidade de selecionar, ordenar, imaginar novo sentido para a realidade existente.
Argila	Visão tridimensional, maleabilidade e limites, estruturação, vivência lúdica e sensorial.
Escrita	Fluência verbal, comunicação, esclarecimento pessoal, registro impresso.

Quando falamos em ferramentas de resgate dos potenciais saudáveis da psique, são encontradas, na convergência da psicologia analítica com a arteterapia, formas de estimular o criativo através das imagens pessoais e coletivas, sempre tendo em mente a criatividade como característica humana presente em todos nós.

De acordo com Neumann:

> Através do símbolo, a humanidade eleva-se de uma fase ancestral de ausência de formas e imagens, de uma cegueira psíquica limitada ao inconsciente, para o estágio de criação das formas, em que a atividade criativa da mente é uma condição essencial para o surgimento e desenvolvimento da consciência (2001, p. 29).

Voltando à ideia dos achadouros, para o trabalho arqueológico do arteterapeuta, os recursos expressivos são as enxadas e as próprias mãos, desenterrando histórias da psique individual. A meta é a consciência e a restauração das imagens.

Abreviando, a arteterapia se estabeleceu enquanto campo teórico e prático que promove a utilização do trabalho criativo como forma de organização emocional. Provavelmente, um dos mais importantes fatores nessa área é a abrangência de sua atuação.

4
Arteterapia e depressão: criando instrumentos para intervenção

Figura 6 Fantasmas
Criada por A. nos Encontros de Estímulo à Criatividade referindo a dificuldade emocional para vida criativa.

No contexto do trabalho desenvolvido percorremos agora território marcado pela dor, vazio, estagnação e tristeza. O desafio é propor suave estrutura de trabalho criativo que auxilie o restabelecimento de flexibilidade psicológica e criativa.

4.1 Depressão e ausência da energia vital

A depressão é constantemente relatada como tristeza sem fim, sensação de que nada vale a pena. Leva a pessoa a desenvolver uma forte tendência ao isolamento. É um distúrbio de alteração do humor sério e por vezes incapacitante. Causa sentimentos de tristeza, desespero, desamparo e inutilidade. Sem a realização do tratamento adequado, os sintomas tendem a desestabilizar todo o cotidiano.

Nos últimos anos a depressão tornou-se assunto de grande interesse. Várias publicações tratam de formas de prevenir e a indústria farmacêutica investe suas ações numa série de pesquisas sobre antidepressivos. Paralelamente, várias áreas do saber têm dedicado estudos ao tema. Assim, existem diversos modelos para se compreender a depressão. Não existe uma única forma ou fator que aborde as suas causas. Em algumas, observamos uma relação direta com situações traumáticas vividas no cotidiano. No entanto, não poucas vezes é impossível relacionar a algum fator da realidade objetiva.

Do ponto de vista fisiológico, a depressão ocorre em virtude de um desequilíbrio entre substâncias químicas cerebrais dos neurotransmissores. Paralelamente, vivemos a imposição da unilateralidade do tratamento farmacológico. É importante que possamos refletir sobre a indiscriminada anestesia medicamentosa que muito tem sido adotada atualmente. Esta acarreta no afastamento da compreensão do sentido e história do sintoma apresentado.

Em relação aos fatores demográficos, é percebida uma maior incidência no público feminino. Igualmente observamos no dia a dia do Espaço Rizoma. A esse respeito nos fala Holmes (1997, p. 164) citando algumas razões no sentido de explicar esse dado:

> 1) Em decorrência de seus papéis sociais, as mulheres são mais livres para expressar sentimentos em geral e, portanto, são mais livres para expressar os sentimentos negativos associados à depressão.
>
> 2) As mulheres tendem mais a ser expostas aos tipos de situações estressantes que resultam em depressão.
>
> 3) Diferenças fisiológicas e hormonais entre homens e mulheres predispõem as mulheres à depressão.

É notado um padrão de sintomas percebidos na depressão. Como principais destacamos os seguintes:

- perda de interesse ou prazer em atividades comuns;
- nervosismo, inquietação, irritabilidade, choro fácil;
- sentimentos de culpa, inutilidade, falta de esperança, pessimismo;
- excesso ou ausência de sono;
- perda de energia, fadiga;
- perda ou aumento do apetite;
- baixa autoestima;

Figura 7 Solidão
Realizada por M. nos Encontros de Estímulo à Criatividade.

- perda ou diminuição da libido;
- sensação de vazio.

O diagnóstico da depressão deve partir do histórico dos sintomas apresentados, bem como de minuciosa anamnese, onde se devem rever pontos significativos da história de vida e também da história familiar. Enfaticamente, deve ser feita a pergunta: Para quê? No sentido de um olhar aprofundado na busca de uma compreensão simbólica do sintoma.

Depressão também pode ser entendida como uma forma de reorganização da personalidade. O terapeuta experiente deve estar atento aos símbolos que surgem com a dor. A dor tem uma história. Do ponto de vista terapêutico, é necessário pensarmos estratégias para estimular o aparecimento desta história.

Nas palavras de Dahlke, "a depressão é aquilo que acontece a partir das consequências da recusa. Quanto mais se prolonga a recusa em cumprir uma nova etapa evolutiva, mais grave é a depressão resultante" (DAHLKE, 2009, p. 67).

4.2 Organização da pesquisa

A fim de conduzir o estudo aqui reportado, foram coletados os dados necessários durante um período de três meses. **Realizamos um Encontro Criativo por semana com duração de aproximadamente duas horas, no total de dez encontros. Cada um deles se compôs de três etapas: trabalho corporal, exercícios com ativadores criativos e elaboração de um produto: a materialização pela criação de textos poéticos, por narrativas ou por imagens.**

Procedemos à seleção das mulheres que poderiam ser beneficiadas com esse trabalho. Cada uma delas deveria preencher os seguintes requisitos:

1) apresentar diagnóstico baseado no CID-10 de depressão grave;

2) estar afastada por licença médica das atividades laborativas;

3) estar em acompanhamento no Espaço Rizoma.

A CID-10 (Classificação Internacional das Doenças) agrupa os transtornos mentais e comportamentais em códigos que vão do F00 ao F99. Entre estes, encontram-se patologias referentes ao transtorno de humor (afetivo) que vão do F30 ao F39, sendo a depressão classificada como F33.

Foram convidadas 12 mulheres que preenchiam os requisitos. Dessas, nove compareceram ao primeiro encontro e permaneceram no grupo.

Paralelamente, foi preciso organizar os encontros e montar um plano para a apresentação e vivência dos ativadores criativos. Era imprescindível, antes dos estímulos com os ativadores, utilizar o relaxamento criativo. Assim, o primeiro momento seria a preparação do terreno: contato com o corpo, respiração. Em seguida, seria aplicado algum dos ativadores e realização de algum produto criativo.

Tabela 4 Estrutura básica dos encontros

Etapa	Objetivo
Trabalho corporal	Rito de abertura, desbloqueio de imagens, relaxamento mental e físico.
Ativador criativo	Estímulo a ideias livres, flexibilidade psíquica, movimento energético e imaginativo.
Produto	Constelação da imagem, informação pessoal, síntese da ação criativa.

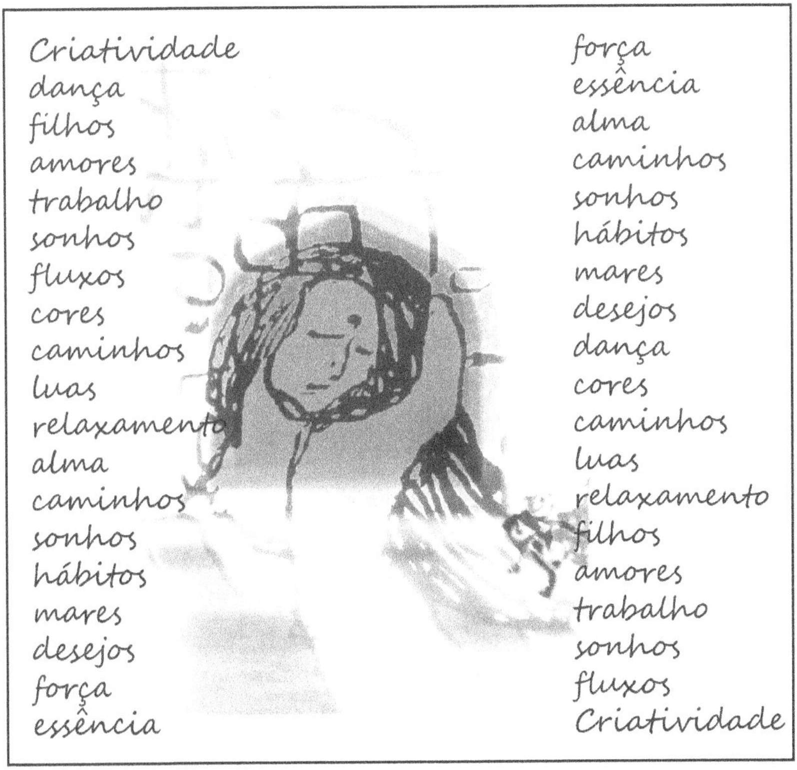

Figura 8 Abrindo o velho baú
Convite entregue às mulheres selecionadas para participar do Grupo de Estímulo à Criatividade.

4.3 Ativadores criativos utilizados

O objetivo maior do processo arteterapêutico é a utilização do estímulo e da produção criativa como forma de estabelecimento harmônico da vida. Para isto são utilizadas técnicas diversas que incluem a escrita, o desenho, a modelagem, a dança, o teatro, a fotografia, a *performance*. Cada técnica tende a mobilizar uma área específica da psique e suas memórias.

A proposta do uso dos ativadores criativos vem a facilitar e a se incorporar nas intervenções da arteterapia. Podem funcionar no processo de desbloqueio da atividade ideacional, trazendo paralelamente a liberdade criativa e afetiva. **Uma vez que o estado de adoecimento está ligado à imobilidade e os ativadores estimulam o movimento, temos um eficiente instrumento de intervenção.** Nas palavras de Prado (2004, p. 7 – grifos do autor):

> **Los activadores creativos se concentran em** el logro de pensamiento divergente, innovador, original, constituyendo la fuente primigenia del pensar abierto, libre, imaginativo, plástico, fantástico, y, sobre todo, siendo la raíz estimuladora esencial de cualquier tipo de proyecto o acción, **de admirable frescura y de alternativas tan provocativas y novedosas como definitivas, a veces.**

O uso dos ativadores criativos pode ser incorporado a qualquer outra área de expressão criativa devido a sua enorme versatilidade. Pode ajudar no processo de consciência e equilíbrio proposto pelo fazer arteterapêutico. A esse respeito nos afirma Prado:

> Pese a la diversidad tan notoria que entrañan las técnicas y activadores creativos de análisis, de síntesis, de proyectos o solución o de juego de fantasías, todas ellas tienen um común denominador: estimular, reavivar, ejercitar y consolidar el

> mortecino y apagado potencial creativo, innovador, transformativo e imaginativo, que yace fosilizado o anquilosado, por desuso, en todos y cada uno de los hemisferios derechos de los cerebros de cada ser humano, em los que radica el pensamiento creativo, intuitivo, globalizador, plástico, inventivo e imaginativo (2004, p. 8)

4.3.1 Relaxamento criativo

É o primeiro momento para o processo do estímulo criador. Possibilidade de voltar o olhar inteiramente para autopercepção, saindo dos estímulos externos para a realidade interna. Momento de relembrar funções básicas para uma vida em desenvolvimento saudável, como a respiração consciente e o relaxamento corporal.

A utilização do relaxamento tem sido cada vez incorporada a práticas que visam ao desenvolvimento saudável. Segundo Charaf (2001, p. 22):

> Para los profesionales de la salud, estas técnicas funcionan muchas veces como complemento a los tratamientos que ellos definen para sus pacientes. Cada vez com mayor frecuencia se conocen casos de tratamiento conjunto, sobre todo para los tratamientos complejos, largos y cuando no se observan respuestas de mejoría.

Na contemporaneidade, as pessoas são cada vez mais convocadas a conviver com as pressões sociais, face ao afastamento da linguagem corporal e à superficialidade das relações. **No relaxamento criativo são utilizadas técnicas diversas que favoreçam a conexão com um ritmo mais lento e leve. Esse contato gera um espaço interno de tranquilidade que propicia uma fluidez imagética.**

Proposta de relaxamento criativo:

• Ambiente com pouca luz.

• Sentar em posição confortável.

• Fechar os olhos.

• Iniciar respiração consciente e lenta. Procure inspirar profundamente até expandir o diafragma, e depois expire todo o ar pela boca lentamente.

• Focar a atenção no ritmo da respiração.

• Lentamente, aquecer as mãos uma na outra e começar a contornar massageando o próprio corpo. Começar pela cabeça e terminar nos pés.

• Levar a atenção para o ritmo da respiração e lentamente abrir os olhos.

Abreviando, a atividade sugerida pode ser utilizada nos diversos contextos onde seja necessário estabelecer um momento de centramento. Pode ser utilizada em qualquer faixa etária e em poucos minutos já pode ser percebida uma mudança no ritmo mental, o que favorece a comunicação espontânea, leve e criativa.

4.3.2 Pensamento fluido e ágil

O estímulo ao pensamento fluido e ágil é um dos principais modelos de ativador criativo. As ideias desencadeadas com rapidez ajudam a distanciar-se do pensamento mecânico e lógico. Com este ativador procuramos tirar o fluxo das ideias da redoma do pensamento concreto e repetitivo. Uma palavra vai fluidamente gerando outra, mais outra, e assim sucessivamente.

Em arteterapia o fluido e ágil consiste em forma eficiente de amplificação simbólica. Uma palavra ou imagem vai tra-

Figura 9 Foco
Imagem produzida após o relaxamento criativo.

zendo à memória outra que tenha alguma similaridade com a primeira, gerando uma sequência poética.

É indicado usar o fluido e ágil em circunstâncias onde percebemos a necessidade de um maior desdobramento de certa situação ou produto. Estimulamos, através deste método, a capacidade de expandir a ideia inicial gerando outras.

Proposta de exercício do pensamento fluido e ágil:

1) Lembre-se das sensações vividas nas férias de verão. Deixe que as palavras fluam como água corrente e registre.

2) Procure criar um texto utilizando as palavras que surgiram.

A proposta de decompor um texto após o fluido e ágil tem se mostrado valioso recurso para promover um maior esclarecimento em relação às fantasias produzidas. Terapeuticamente, auxilia no processo de tomada de consciência dos movimentos psíquicos.

Segue proposta do fluido e ágil realizada no Grupo de Estímulo à Criatividade:

Tabela 5 Pensamento fluido e ágil: lista de coisas sequenciadas

Faz uma lista de coisas sequenciadas	
a) No fundo do mar: Conchas, Corais, Algas, Moluscos, Peixes.	b) No barco: Remo, Gelo, Vara de vela, Pescar, Caixa de isopor.
c) Na infância: Brincadeira, Alegria, Inocência.	d) No caminho: Pedras, Montanhas, Casas, Campos.

e) Nos desejos:	f) Nos amores:
Felicidade, Amor, Viagens.	Companheirismo, Amizade, Sinceridade, Fidelidade.

Tabela 6 Pensamento fluido e ágil – Imagina quatro coisas que tenham estas características

Imagina quatro coisas que tenham estas características	
a) Profundas: Sentimento, Alma, Angústia, Amor.	b) Selvagens: Violência, Raiva, Medo, Dor.
c) Sábias: Serenidade, Inteligência, Tranquilidade.	d) Doces: Palavras de conforto, Amizade sincera.
e) Antigas: Mágoas, Saudades.	f) Curiosas: O que é desconhecido, O que não vemos, O que buscamos, O que desejamos.

Texto derivado do fluido e ágil:

Eu sou como uma alga que vive velejando no mar em busca da alegria perdida por trás das montanhas da vida. Desejo resgatar a minha alegria de viver para ter mais felicidade e poder passar esta felicidade para as minhas amizades. Quero deixar fora de mim os sentimentos de angústia que me transformam em uma pessoa por vezes violenta, por vezes apática. Anseio que volte a

> minha serenidade, inteligência e tranquilidade para que eu sempre tenha palavras de conforto para superar as mágoas e para que também possa resgatar o meu lado curioso para ir em busca do que desejo (P., participante do Grupo de Estímulo à Criatividade).

Em suma, o fluido e ágil ajuda na liberação da corrente imagética, funcionando como uma alavanca para as ideias que necessitam sair do esconderijo. Acreditamos que um dos maiores esconderijos existentes seja a nossa razão.

4.3.3 Analogia inusual

Este ativador tem a propriedade de expandir as relações entre situações e objetos sem uma relação formal inicial. Impõe a necessidade de flexibilizar as ideias e procurar conexões onde tudo parece desconexo.

No processo arteterapêutico, ajuda também a amplificar significados simbólicos, trazer à memória situações aparentemente sem relação imediata, através das associações estabelecidas, e aumentar o nível de consciência favorecendo o autoconhecimento. Nas palavras de Prado:

> Agudiza e lingenio, revitalizando la percepción visual interna para enlazar formas, colores, movimientos de un objeto com los de outro muy distinto y distante y produciendo conexiones inconscientes y vivas, sorprendentes y e iluminadoras de nuevas realidades soñadas o fantasiadas (2004, p. 97).

A capacidade de romper com modelos estabelecidos de pensamento faz com que a analogia inusual seja indicada em situações tais que o pensamento está preso a um só elemento ou aspecto da situação. A ideia é propor o absurdo, o impossível, criando uma atmosfera lúdica e de relaxamento. Dessa forma, teremos como ampliar as fronteiras do nosso pensamento gerando produtos autênticos e criativos.

Proposta de exercício para analogia inusual:

1) Escolha um tema específico, como "terra", por exemplo.

2) Solicite que pensem em alguma palavra que tenha um sentido não relacionado à palavra "terra".

3) Solicite agora que possam escrever frases relacionando as duas palavras.

4) Repita esse exercício com outras palavras até perceber que foi instalado um clima de ludicidade e leveza.

Segue proposta da analogia inusual realizada no Grupo de Estímulo à Criatividade (sequência dos passos):

- Criar uma imagem com colagem sobre o distanciamento da vida criativa (roubo da pele primordial).
- Fazer uma lista de palavras geradas pela imagem:

Fios, filhas, mãos, primeira, ligação, construção, vazio, verde, eu.

- Escolher quatro palavras para fazer a analogia:

Mãos, fuxico, cor, vazio, manga espada, eu, rede, prego, algodão, abandono, espuma, questão.

- Elaborar perguntas utilizando as palavras que surgiram na analogia:

Sopraste o que no prego?
Qual a cor do seu vazio?
A espada chegou no delírio?
Quando a lua está na rede falta cor?

- Eleger uma das perguntas e responder.

Quando a lua está na rede falta cor?

Figura 10 O vazio
Realizada por B. nos Encontros de Estímulo à Criatividade.

"Claro! As nuvens gargalham em versos construídos nos fios de cor de lua que conta segredos mágicos ao som das ondas, ao tom do sol..."

Este exemplo foi retirado do exercício desenvolvido por B. no Grupo de Estímulo à Criatividade.

Em síntese, percebemos que as ideias vão se encaixando, agregando uma a outra em um ritmo crescente. O exercício favorece o rompimento com as formas já estabelecidas no pensamento.

4.3.4 Escrita criativa

Este ativador conduz ao registro escrito da história pessoal, letra no papel, configuração das palavras imagens soltas no ar, produto final. Temos a possibilidade de ler e reler, ressignificar e fazer uma síntese da abundância de palavras imagens que, por vezes, as inunda no dia a dia. Como bem o descreve Prado:

> Las ideas se traducen em **palabras**. Estas representan cosas, sucesos, realidades o contextos, en las que el relato cobra realidad. Jugar com las palabras, combinarlas, convertirlas em frases, visualizadas y traducirlas a imágenes, son algunas de las formas inductoras de la creatividad verbal elemental. Una gran producción que traduz calas ideas y las palavras en frases, las frases em párrafos y textos que representen nuestro mundo interior, nuestra visión personal de la realidade es el camino para interiorizar y hacer personal la creatividad literaria (Ano não fornecido pelo autor, p. 26-27).

No processo arteterapêutico, a escrita criativa se configura como materialização do sonho, tradução de imagens e pensamento poético. É como se a pudéssemos falar: "Escrevo, me reescrevo e ao mesmo tempo me inscrevo".

Sobre essa abordagem Philippini (2009, p. 108) coloca-se:

> Uma forma habitual de utilizar a palavra no processo arteterapêutico é através de processos de desbloqueio criativo, levando quem experimenta a uma condição propiciatória para que suas palavras gerem mais palavras, sendo este caminho propício para a produção e criação de textos e escritas diversas. O que certamente é um bom exercício criativo, pois este tipo de escrita costuma resultar em benéfico e silencioso diálogo entre quem escreve e aspectos de sua vida psíquica menos consciente.

Esta técnica pode ser indicada em situações onde seja importante organizar e selecionar os temas, deixar que personagens internos apareçam, entrem em cena e nos revelem sentidos escondidos ou não vividos. A escrita amplia os significados, além de instaurar a poesia tão necessária para vida criativa. É relevante lembrar as palavras de Vázquez:

> Y cuando hablamos de escribir, no nos referimos a la rutina de los textos del trabajo o enviar una carta a un amigo o una amiga de vez en cuando, sino a ese placer de conquistar el tiempo y el espacio íntimo de la creación personal, de poder volcar nuestra experiencia personal em el papel por medio de la herramienta más hermosa que poseemos: el lenguaje (2001, p. 13).

Proposta de exercício para escrita criativa:

1) Escute a narração de alguma história da tradição oral; Chapeuzinho Vermelho, por exemplo. Após a narração redija uma carta ao lobo como se fosse a mãe da Chapeuzinho Vermelho.

2) É importante que seja registrado tudo que viver a mente.

3) Procure fugir da racionalização.

4) Não é necessário correção ortográfica ou de estilo no texto.

5) É bom delimitar o tempo do trabalho em poucos minutos para que a pressão de revisão e edição do texto não estejam presentes no processo.

Segue proposta da escrita criativa realizada no Grupo de Estímulo à Criatividade, segundo nossa sequência de passos:

- Leitura do texto sobre a guardiã subterrânea.

> Não importa onde ou como vivamos, não importa em que condições... nunca estamos sem nosso supremo aliado, pois, mesmo que nossa estrutura externa seja insultada, agredida, apavorada ou mesmo destroçada, ninguém poderá extinguir o estopim dourado, e ninguém poderá matar sua guardiã subterrânea (ESTÉS, 2007, p. 46).

- Escrita criativa em resposta à questão: Quem é a sua guardiã?

> Minha guardiã está escondida dentro de mim mesma, ela vem à tona nas situações extremas, ou até mesmo quando me sinto desamparada, afrontada, com medo, desiludida... Então ela surge trazendo consigo uma força que transcende meu entendimento. É como se brotasse em mim alguém forte, lutadora, decidida, como se as pressões do cotidiano me impulsionassem, fossem um combustível para alimentar o meu próprio eu, resgatando o melhor, ou o pior, talvez, que existe em mim. Poderia chamar minha guardiã de consciência inconsciente (A.P., participante do Grupo de Estímulo à Criatividade).

- Escrita de carta para restabelecimento do contato com a sua guardiã:

> Querida Consciência Inconsciente
>
> Como você está? Quanto tempo, não é?! E aí, quando você vai dar aquela sacolejada em mim?

> Preciso acordar do meu sono, da minha inércia e só você pode conseguir esta proeza. Quero saber até quando você vai insistir neste casamento com meu inconsciente, já te falei que isso não é nada bom para mim. Nós bem sabemos que este pacto entre vocês paralisa minha vida, não permite que eu reaja e que avance em certas questões que me machucam. Enquanto você me diz que preciso agilizar o divórcio, entrar numa academia, ser mais direta no que quero, e que preciso me desvencilhar de tudo que se relaciona a Camaragibe, seu parceiro rouba minha razão, me aprisiona, me faz esquecer-se de lembrar que preciso me movimentar para as coisas acontecerem. O sinal fica fechado por causa da pressão do inconsciente que me amarra e não permite que eu consiga sair do poço, não dá chance nem para uma autodefesa (A.P., participante do Grupo de Estímulo à Criatividade).

Concluímos que a escrita criativa nos ajuda a ter um panorama mais ordenado das principais imagens que permeiam o universo psíquico. Oferece um panorama estruturado das fantasias pessoais e de como elas se inter-relacionam no imaginário.

4.4 Descrição do método: etapas

Eis a estrutura dos Encontros de Estímulo Criativo, que foram divididos em três fases distintas, utilizando como articuladores os símbolos trazidos pelo conto da tradição oral "Pele de foca, pele de alma".

Tabela 7 Estrutura dos Encontros de Estímulo à Criatividade

Fase	Característica	Temas	Quantidade de encontros
1) Reconhecimento da pele primordial	Favorecer o reconhecimento dos seus símbolos revigorantes e criativos.	Como estou? Quem sou? A pele original. A pele e suas associações.	04
2) Distanciamento da pele primordial	Rememorar situações que levaram ao afastamento da vida criativa.	O roubo da pele original. Ampliando a visão.	02
3) Retomada da pele primordial	Estimular a retomada da criatividade no dia a dia.	A guardiã interior. A poesia em mim. Bênção para o caminho. Pele criativa.	04

Conforme indicado na tabela acima, os Encontros Criativos abrangeram três momentos: o reconhecimento, o distanciamento e a retomada da pele primordial. O conteúdo de cada um deles está abaixo especificado.

4.4.1 Encontros 1 a 4: reconhecimento da pele primordial

Espaço destinado à investigação inicial sobre as imagens nutridoras, principais símbolos refletores do que costumava gerar a ação criativa. Foco no estabelecimento do vínculo e conforto entre as participantes do grupo, para que possam acessar as expressões criativas.

Tabela 8 Como estou? Encontro 1

Etapa	Atividade proposta
Trabalho Corporal	Relaxamento criativo: foco na respiração consciente. • Manter o ambiente com pouca luz. • Sentar em posição confortável. • Fechar os olhos. • Iniciar respiração consciente e lenta. Procure inspirar profundamente até expandir o diafragma, e depois expire todo o ar pela boca lentamente. • Focar a atenção no ritmo da respiração.
Ativador criativo	Escuta da história "Canção para Hua Mulam", de Marina Colasanti.
Produto	Questionário investigativo inicial: Responder por escrito às seguintes questões: • Qual seu estado amoroso? • Qual seu estado criativo? • Qual seu estado de humor? • Qual o estado dos seus sonhos? • Qual o estado do seu corpo? • Qual o estado da sua alma?

"Como estou?" Essa é a questão inicial para poder refletir um segundo olhar e sentir o estado das minhas relações e histórias atualmente. Como estão os meus sonhos? O meu humor? Como anda a minha produção criativa? É o momento de frente para o espelho. Dificilmente um trabalho de desbloqueio criativo pode acontecer sem ajuda do espelho. A história de "Hua Mulam" nos mostra que por vezes somos levados a uma vida onde é necessário guerrear, correr, produzir, buscar tudo rapidamente. Quando nos damos conta, pouco colhemos. O primeiro Encontro Criativo estimula o momento de reflexão e de cuidado pessoal.

Tabela 9 Quem sou? Encontro 2

<table>
<tr><th>Etapa</th><th>Atividade proposta</th></tr>
<tr><td>Trabalho corporal</td><td>Foco no reconhecimento corporal, toque suave no próprio corpo, respiração consciente.
• De pé, sentir o corpo bem firme no chão.
• Focar a atenção em todas as partes do corpo, imaginando suaves ondas de calor aquecendo e envolvendo toda a musculatura.
• Lentamente aquecer as mãos uma na outra e começar a contornar massageando o próprio corpo. Começar pela cabeça e terminar nos pés.</td></tr>
<tr><td>Ativador criativo</td><td>• Leitura do poema "Poeminha em língua de brincar", de Manoel de Barros;
• Narração da história da tradição oral "Pele de foca, pele de alma".
• Exercício do pensar fluido e ágil utilizando palavras centrais da história como geradoras.

Faz uma lista de coisas sequenciadas:
<table>
<tr><td>No fundo do mar</td><td>No barco</td></tr>
<tr><td>No caminho</td><td>Na infância</td></tr>
<tr><td>Nos desejos</td><td>Nos amores</td></tr>
</table>
Imagina quatro coisas que tenham estas características.
<table>
<tr><td>Profundas</td><td>Sábias</td></tr>
<tr><td>Antigas</td><td>Curiosas</td></tr>
<tr><td>Selvagens</td><td>Doces</td></tr>
</table>
</td></tr>
<tr><td>Produto</td><td>Texto para apresentação pessoal utilizando as palavras que surgiram no fluido e ágil.</td></tr>
</table>

A pergunta agora é para o espelho: "Quem sou?" O "Poeminha em língua de brincar" avisa que para seguir adiante é prudente deixar a lógica de lado. Estamos com o portal aberto para a viagem em direção às histórias pessoais. Como metáfora principal temos a "Pele de foca, pele de alma", história que nos leva a um caminho de resgate de potenciais perdidos e abafados. Recolhemos memórias de infância para escrever o segundo texto, aquele que responde a questão inicial: Quem sou eu?

Tabela 10 A pele original – Encontro 3

Etapa	Atividade proposta
Trabalho corporal	• Relaxamento das articulações, com pequenos movimentos circulares que iniciam no pescoço e terminam nos pés. • Procurar sentir o contorno corporal, como seu corpo ocupa o espaço. • Com as mãos, reconhecimento da textura da pele através de suaves toques em todo contorno do corpo. • Em duplas: tocar os pontos de tensão no corpo um do outro com movimentos ora leves ora firmes. • Após o exercício trazer o foco para a respiração consciente, inspirando lenta e suavemente.
Ativador criativo	• Vídeo (2min) com imagens de diversas focas. • Visualização criativa: em posição confortável imaginar as múltiplas camadas da sua pele e procurar chegar até a mais antiga e profunda: O que você vê? O que tem registrado na sua camada de pele original? • Com ajuda de um projetor de imagens iniciar projeção de imagens no corpo que revelem a pele original. • Registro fotográfico da experiência.
Produto	Texto poético. Tema gerador: A minha pele original.

Caminhamos agora com a metáfora da pele. Na pele original, nesta primeira camada devem estar inscritos nossos potenciais por vezes esquecidos. O convite é para que as mulheres do grupo possam olhar criativamente para essa questão. O toque no próprio corpo é essencial e ajuda a despertar relaxadamente as memórias. Brincamos com a projeção de imagens no corpo para que posteriormente seja escolhida aquela que é mais pessoal, a primeira, a mais antiga.

Tabela 11 A pele e suas associações – Encontro 4

Etapa	Atividade proposta
Trabalho corporal	• Relaxamento das articulações, com pequenos movimentos circulares que iniciam no pescoço e terminam nos pés. • Em duplas: procurar massagear todo o corpo utilizando manta de tecido de algodão (2 metros de altura por 1 metro de largura) recheado com microbolinhas de isopor. • Após o exercício trazer o foco para a respiração consciente, inspirando lenta e suavemente.
Ativador criativo	• Completar a frase: *Eu coberta de...* *E na mais antiga camada...* *Coberta de...* *Coberta de...* *Coberta de...* *E debaixo dos meus pés...*  **Figura 11 Reconhecendo a minha pele** • Olhar para a imagem acima e responder as questões: Quais sabores relaciono? Quais são as cores que vejo? Quais são as memórias que me traz? Quais seus aromas?
Produto	Escrita criativa com o tema: A minha pele poética

O convite agora é para que iniciemos o processo de associação. Na mais antiga camada o que posso ver? Quais os aromas, os sabores e as memórias? O que é possível escrever sobre isso? É necessário aquecer suavemente o corpo e favorecer o relaxamento para que as palavras tenham mais fluidez. Do ponto de vista terapêutico, continuamos a estimular o contato com os aspectos da psique pouco elaborados pela consciência. O relato escrito permanece e o tema é a pele poética.

4.4.2 Encontros 5 e 6: distanciamento da pele primordial

Destinado ao reconhecimento dos símbolos que afastaram a produção criativa do cotidiano levando ao embotamento e ao adoecimento.

Tabela 12 O roubo da pele original – Encontro 5

Etapa	Atividade proposta
Trabalho corporal	• Relaxamento das articulações, com pequenos movimentos circulares que iniciam no pescoço e terminam nos pés. • Trabalho de reconhecimento das próprias mãos, toques suaves utilizando óleo de massagem, procurando sentir as marcas na pele. • Após reconhecimento da própria mão, fazer o exercício em grupo, massageando delicadamente a mão uma das outras. • Ao finalizar o exercício trazer o foco para a respiração consciente, inspirando e expirando lenta e suavemente.
Ativador criativo	• Relembrar a história "Pele de foca, pele de alma", narrada no segundo encontro. • Com os elementos guardados na memória, fazer em conjunto um reconto da história.
Produto	Recriação coletiva da história "Pele de foca, pele de alma". Criação de imagem sobre o roubo da sua pele.

O trabalho segue com o foco nos registros pessoais da perda da criatividade e autonomia. Sugerimos chegar às imagens simbólicas que nos levem a essas histórias. Novamente, contamos com a história "Pele de foca, pele de alma", no entanto, agora a indicação é para que as mulheres recontem a sua própria maneira, para que possam elas relembrar o processo simbólico da "perda da sua própria pele". Logo após o reconto, recomendamos que transformem o sentimento em uma imagem utilizando o recurso da colagem sobre suporte preto. O fundo escuro contribui dando destaque à imagem escolhida.

Tabela 13 Ampliando a visão – Encontro 6

Etapa	Atividade proposta
Trabalho corporal	• Relaxamento das articulações, com pequenos movimentos circulares que iniciam no pescoço e terminam nos pés. • Trabalho de reconhecimento dos próprios pés, toques suaves utilizando óleo de massagem, procurando sentir as marcas na pele. • Em dupla: após reconhecimento dos próprios pés, fazer o exercício massageando delicadamente os pés uma da outra. • Ao finalizar o exercício trazer o foco para a respiração consciente, inspirando e expirando lenta e suavemente.
Ativador criativo	• Utilizando a imagem sobre o roubo da pele produzida no Encontro 5, estimular a geração de palavras espontâneas. • Com as palavras que surgiram solicitar que selecionem quatro para o exercício de analogia inusual.
Produto	• Utilizando as palavras que sugiram na analogia inusual estimular a criação de perguntas divergentes. • Selecionar uma pergunta divergente e responder.

No encontro acima descrito, objetivamos ainda fortalecer a teia de representações simbólicas sobre as situações de perda e autonomia, e de criatividade, voltando-nos à imagem produzida no quinto encontro. No entanto, agora utilizaremos esta ilustração como fonte geradora para o exercício de analogia inusual. Dela devem derivar palavras; das palavras, outras palavras sem uma ligação lógica imediata; dessas palavras o estímulo para elaboração de algumas perguntas e, para finalizar essa rede, é indicado escolher uma das perguntas elaboradas e respondê-la. Teremos assim mais uma produção criativa e mais uma importante pista para o reconhecimento da história simbólica de cada uma das mulheres.

4.4.3 Encontros 7 a 10: retomada da pele primordial

Incentivo à criação de imagens e símbolos que tragam novamente a vivência do criativo ao cotidiano.

Tabela 14 A guardiã interior – Encontro 7

Etapa	Atividade proposta
Trabalho corporal	• Relaxamento das articulações, com pequenos movimentos circulares que iniciam no pescoço e terminam nos pés. • Relaxar a musculatura da face e dos ombros utilizando sacos plásticos cheios de água de cor azul. • Passar os sacos com água por todo rosto, pescoço e ombros. • Ao finalizar o exercício trazer o foco para a respiração consciente, inspirando e expirando lenta e suavemente.
Ativador criativo	• Leitura do texto: "Não importa onde ou como vivamos, não importa em que condições... nunca estamos sem nosso supremo aliado, pois, mesmo que nossa estrutura externa seja insultada, agredida, apavorada ou mesmo destroçada, ninguém poderá extinguir o estopim dourado, e ninguém poderá matar sua guardiã subterrânea" (ESTÉS, 2007, p. 46). • Torbelinho de ideias sobre a guardiã sagrada da pele.
Produto	Escrever carta visando restabelecimento do contato com a guardiã interna.

O encontro descrito acima marca o início da terceira fase do trabalho, onde o foco é nas ações para o restabelecimento da vida criativa. Favorecemos o relaxamento utilizando a água em pequenos sacos para que seja estimulada a memória sensorial. A jornada criativa pede agora que possamos acessar a imagem arquetípica do guardião. Esse é sempre responsável por guardar tesouros – e o tesouro procurado neste caso é a própria vida criativa. É solicitado que seja realizado um torbelinho de ideias sobre o tema. "Quem é a sua guardiã?" O trabalho finaliza com a escrita de uma carta para que seja retomado o contato com essa instância psicológica.

Tabela 15 A poesia em mim – Encontro 8

Etapa	Atividade proposta
Trabalho corporal	• Estímulo olfativo com aroma de lavanda na sala utilizada para encontro do grupo. • Relaxamento das articulações, com pequenos movimentos circulares que iniciam no pescoço e terminam nos pés. • Em dupla: massagear todo corpo utilizando pequenos pedaços de tecido de seda. • Ao finalizar o exercício trazer o foco para a respiração consciente, inspirando e expirando lenta e suavemente.
Ativador criativo	• Escutar e cantar músicas da tradição oral comuns na infância de cada uma. • Ouvir atentamente o som da própria voz, reconhecer o seu timbre e sua força. • Ouvir a voz do grupo, a harmonia das muitas vozes de mulheres. •Fazer um desaguar de frases.
Produto	Texto poético inspirado na escuta da sua própria voz.

O trabalho segue inspirado na necessidade de reconhecimento do poder criativo pessoal. A guardiã interior já abriu as portas e permitiu a passagem. Relembramos antigas canções que auxiliam o caminho, ouvindo nossa voz, com seu timbre e força, entre outras vozes entoadas. O ato criativo requer autoconfiança, e esse é o ponto abordado. Estimulamos o cantar e aí soltar as frases que espontaneamente surjam. Com esses elementos é construído um texto poético.

Tabela 16 Bênção para o caminho – Encontro 9

Etapa	Atividade proposta
Trabalho corporal	• Iniciar respiração consciente e lenta. Procure inspirar profundamente até expandir o diafragma, e depois expire todo o ar pela boca lentamente. • Focar a atenção no ritmo da respiração.
Ativador criativo	• Roda de conversa sobre a força criativa. • Leitura de texto sobre a força feminina criativa e suas bênçãos (ver Anexo D). Estímulo poético com a música "Fantasia", de Chico Buarque) (ver Anexo E).
Produto	Criação de texto coletivo: As bênçãos de que necessito.

O foco é trazido para a necessidade de proteger o conteúdo resgatado. A vida criativa necessita ser cultivada para que siga contribuindo para o crescimento pessoal. É indicado nessa etapa abrir a roda de conversa com tema da força criativa. Escutar os relatos do grupo de mulheres e perceber as bênçãos que foram recebidas no caminho – com isso em mãos, criar a bênção pessoal desse grupo.

Tabela 17 Pele criativa – Encontro 10

Etapa	Atividade proposta
Trabalho corporal	• Iniciar respiração consciente e lenta. Procure inspirar profundamente até expandir o diafragma, e depois expire todo o ar pela boca lentamente. • Relaxamento imaginativo dirigido: relembrando as fases do trabalho criativo pessoal. • Trazer à memória os caminhos que trilharam junto ao grupo, as descobertas de suas vidas criativas. • Procurar rever os detalhes mais significativos do reencontro com as suas peles.
Ativador criativo	Escuta da história "Pele de foca, pele de alma", que foi recriada coletivamente.
Produto	• Utilizando tinta específica para pele, fazer pintura na mão com o seguinte tema: a pele que agora tenho. • Escrita poética sobre o reencontro do caminho criativo pessoal.

No último Encontro Criativo é tempo de recolher todos os símbolos e imagens trazidos. Rever o percurso do grupo, como chegaram, o que encontram e como terminam. Utilizando a metáfora da pele, propor trabalho de pintura na própria pele sob o título "Que pele agora tenho?" Com a pele colorida, escrever sobre o reencontro do caminho criativo pessoal.

Em resumo, os relatos dos encontros descritos acima nos mostram as rotas que utilizamos no caminho. Fomos urdindo mapas no nosso dia a dia para que pudéssemos construir uma criativa cartografia pessoal. Os seguintes temas foram as rotas principais:

1) Como estou?

2) Quem sou?

3) A pele original.

4) A pele e suas associações.

5) O roubo da pele original.

6) Ampliando a visão.

7) A guardiã interior.

8) A poesia em mim.

9) Bênção para o caminho.

10) Pele criativa.

5
Relatos de um trajeto criativo terapêutico

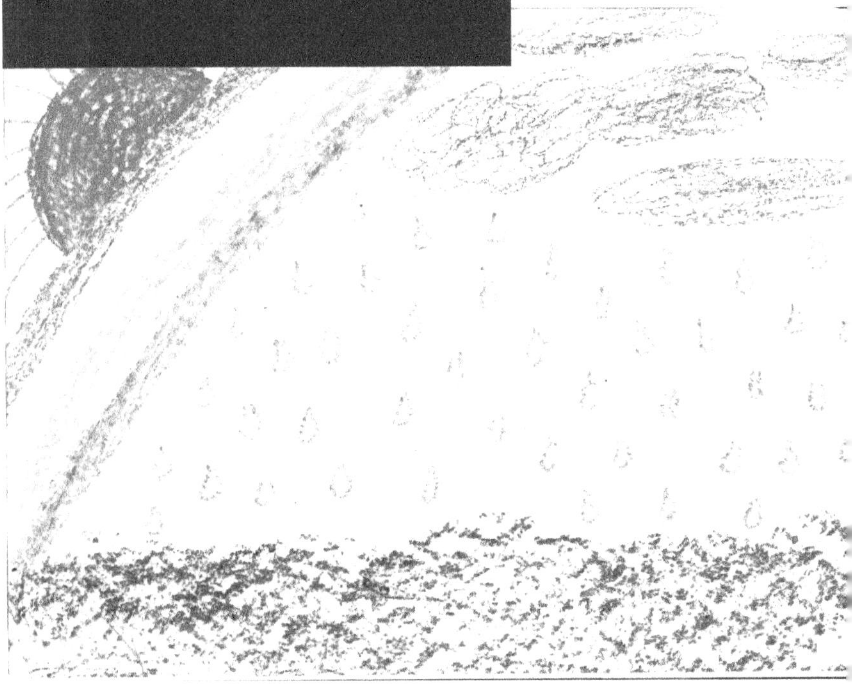

Figura 12 Mudando a estação
Imagem desenhada por J. nos Encontros de Estímulo à Criatividade.

No fluir da nova vida criativa percebemos uma mudança nas estações. Havia um mundo chuvoso; no entanto, do encontro do sol e chuva surge um arco-íris como prenúncio de ampliação simbólica. É tempo de clarear para que a consciência proponha uma nova ordenação das experiências vividas.

Neste capítulo, a produção criativa da paciente escolhida para este estudo de caso é apresentada em duas fases, abrangendo todas as etapas do processo terapêutico através da aplicação dos ativadores criativos. Dentre as nove participantes, J. foi escolhida para ilustrar a aplicação do modelo aqui descrito.

5.1 A história de J.

J., 41 anos, é casada, mãe de dois filhos – uma menina de 11 anos e um menino de 9 anos. Trabalha como gestora em uma creche da rede pública do Estado. Iniciou tratamento no Centro de Atenção Psicossocial (Caps Casa Forte), atual Espaço Rizoma, queixando-se de depressão, choro fácil, enxaqueca, sonolência, dores no corpo, medo. De acordo com a CID-10, tem como diagnóstico principal F-33.1 – Transtorno Depressivo Recorrente.

Relata intensa relação afetiva com o pai, apresentando os sintomas da primeira crise de depressão aos 17 anos, um ano após a morte deste. Informa que não se tratou por falta de conhecimento sobre a depressão. Morava em uma cidade pequena localizada na Zona da Mata de Pernambuco. Mudou-se para Recife, capital do Estado de Pernambuco, aos 25 anos, quando relata ter tido a segunda crise de depressão; dessa vez com acompanhamento medicamentoso adequado. Após a morte da mãe em 2006, um processo de adoecimento culminou na terceira crise depressiva que ocorreu. Vivia também, nesse momento, carga intensa de trabalho. Afirma ter tido uma educação rígida e religiosa. Atualmente, mora com seu esposo e filhos, embora não se sinta feliz em seu relacionamento conjugal.

Chega para o grupo de criatividade descrente do seu potencial, abatida, desmotivada, apresentando constantes crises de choro. Aceita o convite, pois tem o desejo de uma vida diferente dessa. No entanto, relata não saber por onde começar.

5.1.1 Revelações da primeira fase

Encontro 1 Questionário Investigativo Criativo

Tabela 18 Encontro 1

Estado amoroso	Carente.
Estado criativo	Bloqueado.
Estado de humor	Oscilante.
Estado dos sonhos	Existe, mas sem perspectiva.
Estado do corpo	Pesado, cansado, dolorido.
Estado da alma	Em conflito.

Encontro 2 *Pensamento fluido e ágil*

Tabela 19 Pensamento fluido e ágil

Faz uma lista de coisas sequenciadas	
a) No fundo do mar: concha, alga, peixe, areia, tubarão.	b) No barco: remo, madeira, anzol, peixe, rede, homem.
c) Na infância: alegria, amor, brincadeira, brinquedo, TV, amigos, criações, família, árvores.	d) No caminho: pedra, estrada, árvore, casa, gente, ladeira, riacho, ponte.
e) Nos desejos: amor, sexo, amizade, paz, alegria, esperança, sonhos, companheiro, trabalho.	f) Nos amores: companheirismo, amizade, carinho, sexo, paixão, palavras, confidência, diálogo, afeto, beleza.

Tabela 20 Pensamento fluido e ágil

Imagina quatro coisas que tenham estas características	
a) Profundas: morte amor mente alma	b) Selvagens: leão felinos instinto coração
c) Sábias: mente amizade livros internet	d) Doces: brisa natureza água frutas

Narrativa nascida das palavras do fluido e ágil:

Quem sou?

Quando eu era criança, eu tinha alegria, amigos, brinquedos, carinho.

Havia também muita inquietação referente às coisas do mundo, o que eu seria quando crescesse.

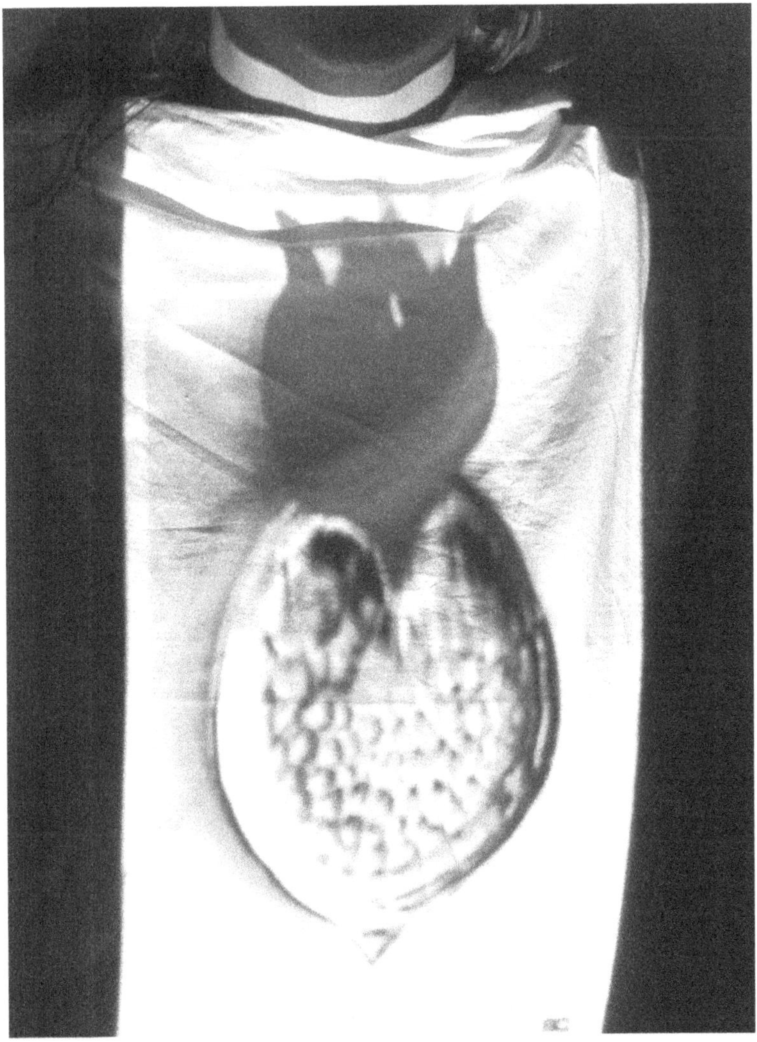

Figura 13 Meu corpo é coração
Imagem projetada no corpo de J.

As pessoas tinham um pensamento sobre mim de que eu era rebelde, mas na verdade eram só questionamentos da idade.

Eu gostava muito de natureza. Gosto até hoje: mar, conchas, algas, peixes, areia, pedras, árvores, riachos, água, frutas.

Hoje penso mais em amor, paixão, sexo, companheirismo, trabalho, dinheiro, beleza. O passado, no entanto, está sempre presente.

Encontro 3 A pele original

Minha pele original

Minha pele verdadeira é boa, feliz, afetuosa, carinhosa. Tem muitas perspectivas para a vida. Há um calor, um fogo aceso no coração. Uma vida em constante confirmação, transformação para o novo. Uma vida cheia de paixão. Uma pele sempre ardente, em chamas, viva.

Encontro 4 A pele e suas associações

Eu coberta de pele
E na mais antiga camada romantismo
Coberta de sonho
Coberta de verde
Coberta de lama
E debaixo dos meus pés céu

Sabores: framboesa, laranja, chá, aroma de flores;

Cores: cinza chumbo, laranja, luz, nublado, verde;

Sons: vento, passadas na terra, soluços, gemidos, respiração;

Memórias: passado distante, solidão de incompreensão, desesperança no futuro, beleza; do campo, caminhada no cemitério, caminhada no campo;

Aromas: flores, terra molhada, jasmim, folhas verdes, frutas.

Figura 14 Reconhecendo a minha pele
Imagem projetada na parede com finalidade de servir de estímulo gerador de palavras.

Pele poética

Eu coberta de pele
E na mais antiga camada
aroma de flores,
nuanças de verde,
beleza do campo,
flores,
terra molhada,
jasmim e frutas.
Coberta de vento,
Coberta de folhas verdes,
Coberta de passadas na terra,
soluços, passado, solidão.
E debaixo dos meus pés,
terra, desesperança, gemidos
e luz.

5.1.2 Revelações da segunda fase

Encontro 5 Recontando o conto "Pele de foca, pele de alma"

Este texto foi uma produção coletiva (das nove mulheres), da qual J. participou:

> Era uma vez há muito tempo atrás um grupo de focas, na verdade eram dez bem vivas, coloridas, gostavam da natureza, e que uma vez por semana elas se reencontravam para poder estar falando, celebrando, dançando, brincando. Elas se encontravam sempre numa pedra. E quando elas iam dançar, brincar nessa pedra, elas pegavam suas peles e ficavam dançando, brincando. E tinha um senhor que morava perto, que olhava e se admirava com o que estava acontecendo ali. Cada dia ele se aproximava mais. Até que um dia ele tirou a pele de uma delas. E ela ficou triste, solitária porque se encontrava sem a pele.

Não tendo mais o que fazer, ela seguiu adiante e encontrou uma colega que realmente já estava sem pele. Uma deu força para outra e continuaram assim. Ela saindo da família dela, ficou sem as características principais da alma dela. Mas esse homem que tinha roubado a pele dela prometeu que se ela ficasse um tempo com ele, casasse e vivesse com ele, em um determinado tempo, ele devolveria a pele dela. A única saída que ela tinha era aceitar aquela proposta de ficar sem a pele por um tempo e ficar de forma humana. Ela aceitou a proposta, só que a proposta não era honesta, ela estava disfarçada. A foca se iludiu pensando que casando com ele iria resgatar a sua pele, mas a promessa não foi cumprida. Era uma armadilha que ele tinha para oprimi-la, porque ele tinha inveja daquela exuberância que elas tinham ao dançar, aquela espontaneidade. Então era mais fácil reprimir, oprimir e maltratar. Daí ela passou um tempo com ele, teve um filho, mas o tempo foi passando e ela foi sentindo falta de ter novamente a pele dela. A foca pedia pra ele, mas ele não atendia o pedido dela. E ela resolveu por si própria ir procurar. Ele tinha escondido a pele dela, e ela um dia encontrou e falou com seu filho, explicou que essa pele era dela e que ela precisava voltar para o ambiente de onde ela tinha vindo. Mas foi tão difícil convencê-lo que ela entrou em depressão. Para sair da depressão ela teve que entrar no mar, nadar, nadar, nadar até encontrar a sua pele. E nessa procura ela percebe que estava buscando ela mesma. Estava quase perdendo a esperança de encontrar a sua pele e resgatar a sua identidade. No meio do caminho, nessas andanças, ela também encontrou outras focas, também sem pele e tinham o mesmo problema dela. E assim ela não se sentiu tão só, tentaram se unir. Ela sem pele começou a perder a sua força, porque ela não tinha a sua própria essência. Ela começou a ficar doente, pele ressequida, envelhecida, cada vez mais fraca. Ela só conseguiu se reestruturar depois que ela conseguiu recuperar a sua pele e voltou a beleza e a alegria que ela tinha antes, mesmo com saudade do filho. E ela encontrou uma forma depois de se comunicar com esse filho, que era humano e um pouco foca também, e por isso tinha que viver na terra. Ela se comunicava com esse filho através de um canto, um chamado que ele conseguia entender. Foi muito difícil fazer essa escolha, mas ela tinha que fazer. Ou ficar com seu filho ou de voltar a retomar a sua pele.

Nesse acordo que eles fizeram, encontraram a saída que seria boa para os dois. Foi muito difícil ela conversar com o filho e mostrar a ele o que estava acontecendo, porque ela tinha vontade de levá-lo, mas ela achava que se levasse ia fazê-lo sofrer o que ela sofreu durante esses sete anos. Foi muito difícil essa conversa, o menino não aceitava, o pai, de certa forma, influenciava nesse não deixar ela ir embora. Mas ela precisava, porque ela estava perdendo a sua essência, descamando, perdendo a cor, o brilho. Ela não era mais aquela pessoa que ele admirou e teve vontade de estar com ela. Por isso ela foi embora, combinando com o filho de se encontrar através de cantos, recados das ondas do mar, das areias, de uma conchinha, de qualquer coisa ele iria perceber que era dela aquilo. Mesmo depois de adulto ele foi visto conversando na beira do mar com a foca que seria a mãe dele. Ele conseguiu se comunicar com ela como ele se comunicava com as pessoas que estavam ao redor dele. Ela nunca o deixou sozinho. Antes de ela ir embora ela colocou para as amigas dela, que estavam com o mesmo problema, qual foi a solução que encontrou de resgatar a sua própria pele.

E as outras também utilizaram do mesmo plano, o mesmo caminho que ela teve. Foi uma luz que ela deu para elas. E como era o canto da foca? Ela chamava pelo nome do filho. RAUUU, RAUUU, RAUUU, RAUUUUU!!!!!! Ele escutava e seguia o canto para poder se comunicar com a mãe. E foram felizes para sempre.

Encontro 6 Palavras e frases derivadas

Medo – Doce – Acidente

Angústia – Suar

Dor

Sangue

Ferida – Pulo – Bala

Desespero

Coração – Cerveja

Olhos

Acuado

Morte – Tira-gosto – Cama

Frases derivadas

Como foi o seu caminhar para chegar a essa dor?

Hoje seu coração está ouvindo que som?

O que você acha doce e azedo no seu viver?

A sua alma está ferida, por quê?

Você tem medo de galgar para o infinito?

Sua angústia tem sabor de quê?

Você tem medo de galgar para o infinito?

Sim. O fim é sempre o ponto-final. O infinito não tem fim, então é algo novo no pensar humano e o novo assusta. Sair

Figura 15 Medo
Imagem criada por J. representando o roubo da sua pele.

do tradicional, incômodo, mas ainda conhecido, é ter que atravessar túneis, pântanos, luz, dor e resistir para não voltar atrás. Nossa! É tão quentinho e aconchegante o frio da minha solidão! É tão difícil saber se o que me espera lá no infinito me causará ou não dores novas, com as quais ainda não sei conviver!

Encontro 7 Retomada da pele primordial

Quem é a sua guardiã?

Maria, uma centelha feminina que paira seu olhar ao meu redor, que impede que uma luz interna se apague. Muitos têm tentado, mas essa centelha é imortal, transcende tudo que é material em mim, e mesmo quando tudo está escuro, tão escuro que é difícil encontrar os cacos despedaçados e espalhados de mim, a centelha brilha e atrai os pedaços como ímã, criando nova forma, talvez melhor, talvez pior, mas sempre acesa.

Carta para restabelecimento do contato

Querida Maria,

É bom reservar um tempo para conversar com você. As frases preelaboradas são importantes, mas é preciso abrir meu coração a ti, coisa que não faço desde muito tempo. Você é a minha mãe suprema, o amor personificado, que olha por mim dia e noite e que me compreende. Não estou bem. Estou confusa, perdida, precisando encontrar meu caminho. Não o caminho que me impuseram até agora. Sei que você compreende. É tudo tão difícil, que às vezes se torna pesado demais. Ajuda-me a clarear minha mente, encontrar serenidade, paz, alegria, discernimento. Preciso de sua ajuda para não me perder nesse labirinto em que me encontro. Conto com vosso amor ilimitado. Não permitas que eu fique no meio do caminho.

Até breve!

Encontro 8 "Sou uma só"

Desaguar de frases

Sou como você me vê
Só o que está morto não muda
Sou uma só
A única verdade é que vivo
Mesmo que doa, dói só no começo
A felicidade aparece para aqueles que choram
O que sinto eu não ajo
As pessoas mais felizes não têm as melhores coisas
Acho que devemos fazer coisas proibidas senão sufocamos
Sou uma só... sou um ser
Não sei voar de pés no chão

A felicidade aparece para aqueles que choram

Quando você chora é porque você questiona, mexe, busca e encontra a felicidade. Só se sabe o que é alegria, se conhecermos a dor.

O choro é a limpeza da alma.

Você só chora quando você admite que tem um problema para que se encontre a solução.

Também se chora de felicidade, pois o choro é o bálsamo da alma.

O choro é o limite das emoções, sejam tristes ou alegres.

Se chora até quando o gozo físico é muito bom.

Só sofrem as pessoas que são sensíveis. Choramos quando existe a emoção.

Encontro 9 Na floresta interior

As bênçãos de que necessito

(A.C. participou da redação coletiva deste texto)

Que você nunca desista de si mesma, pois sempre haverá alguém que sofrerá com isso.

Que as amarguras da vida, as dificuldades de viver não apaguem a confiança em você mesma.

Que possa aprender com sua alegria e sua dor.

Que você possa se ouvir e ouvir mais o outro, pois dessa forma conhecerá mais a si mesma e se deixará conhecer.

Que você sempre possa cantar para se alegrar, suavizando e aliviando a dor.

Que você possa sempre lembrar que pequenos gestos fazem um grande amor.

Que possa sempre existir entre as mulheres respeito, amizade e cumplicidade.

Que saiba reconhecer e conservar tudo que construiu.

Que a bênção da alma te fortaleça fazendo encontrar plenitude no amor e na paz.

Que saiba lembrar de agradecer.

Encontro 10 Reencontro do caminho pessoal

Eis o poema-síntese do reencontro do caminho pessoal de J.

Borboleta

Lagarta rastejando...
mendigando... clamando...
Quase sem forças.
Casulo na escuridão,
fechado, preso, mas aconchegante.
Quanto tempo resta?
Seria bom "pra sempre".
Não quero mais rastejar.

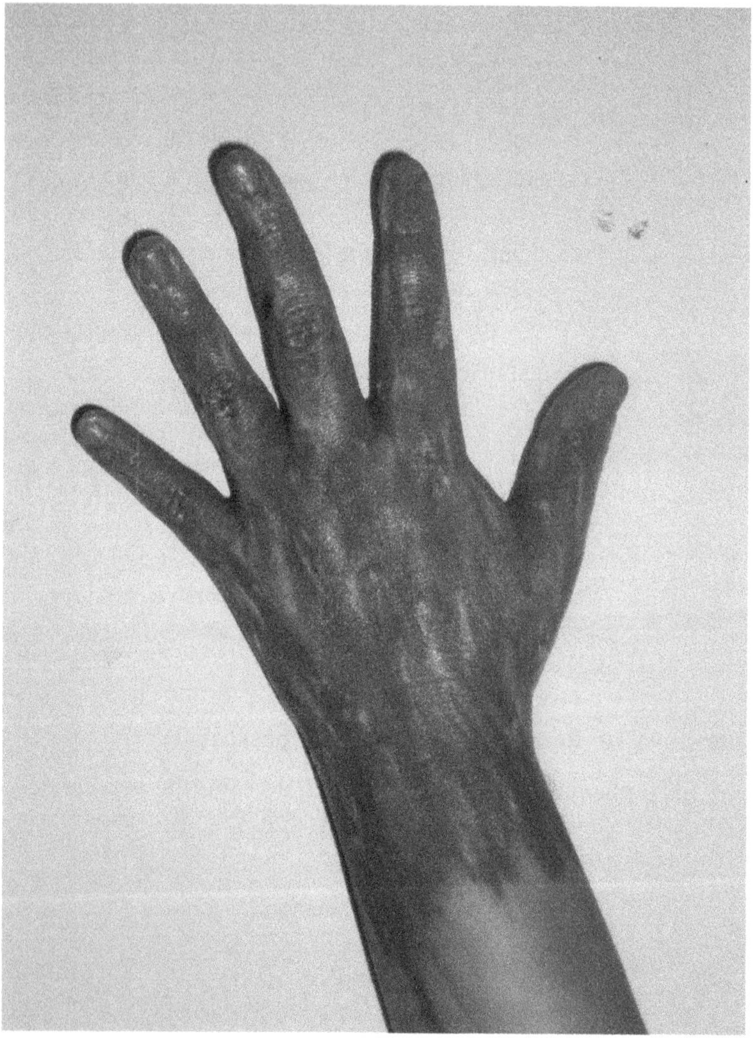

Figura 16 Coração
Imagem da pintura na pele.

Algo não desejado corta meu casulo.
Luz!? Estou cega! Muito claro!
Não dá pra enxergar.
Estou perdida e desnuda.
Me tiraram o casulo.
A etapa foi interrompida.
Reconstruo dolorosamente
O que ainda existe:
Pedaços de asas... cores... harmonia.
Nossa! Já posso voar!
Ainda não sei pra onde,
Mas enfim não mais rastejo!
Enfim posso voar...

Analisando o percurso

No início do caminho J. se percebe bloqueada, corpo pesado, cansado, dolorido, com pouca perspectiva de mudança, vivendo situações de conflito. No questionário inicial recusa-se a escrever, sente-se impossibilitada de ir adiante. No entanto, é curiosamente atraída pela ideia de estimular a criatividade e se recolocar em movimento. Aceita o convite.

Nas palavras de Estés:

> Dentro da psique de muitas mulheres existe algo que entende intuitivamente que o conceito de "cura" está incluído na palavra "saúde". Quando ferida, ela se torna "cheia de cura" – cheia de recursos de cura –, o que significa que algum filamento vibrante, gerador de vida, no seu espírito e na sua alma se move persistentemente na direção da nova vida, seja na busca de muitos tipos de força, seja na reconstituição da integridade perdida, seja na criação de um novo tipo de integridade, diferente da que havia antes. Essa força interna é cheia do impulso pelo bem-estar. Ela acredita num fator de salvação que pode resistir e há de resistir à crueldade (2007, p. 40).

Na sequência de ativadores criativos da primeira fase, foram encontradas imagens da natureza – riachos, árvores, pedras, animais marítimos, memórias do acolhimento da infância. **Como marca primordial, J. percebe-se questionadora, rebelde, inquieta, quente – relata haver um fogo aceso no coração. Uma pele viva.** A imagem da pele viva não é reconhecida nas suas vivências atuais. Sua pele encontra-se literalmente adoecida, marcada, reflete fisicamente, para os olhos de todos, as cicatrizes de algo que não se realizou.

É possível perceber que, vencida a resistência do primeiro encontro, J. deixa fluir sem muita dificuldade imagens que fazem parte da sua essência curativa. Tem as primeiras pistas. Nas mais antigas camadas, vê aromas de flores, beleza do campo, terra molhada. No entanto, o exercício de olhar para a atualidade mostra uma mulher sem esperança e com uma profunda vivência de solidão.

Percebe-se também que não houve a dificuldade esperada para que acessasse o seu campo produtivo e criativo. A imagem é de uma represa com muita água acumulada, prestes a romper. Seria essa uma das características da depressão? Muita energia criativa contida?

J. logo encontrou no espaço criado pelo grupo um lugar seguro e acolhedor para poder expressar livremente suas histórias. A relação de confiança estabelecida entre as participantes do grupo foi agente facilitador. Era um encontro de irmãs, cada uma com sua história e desejo de mudar a situação psíquica que estava estabelecida. É plausível que, para colocar novamente a psique em movimento, característica do ato criativo, seja necessário estabelecer inicialmente uma situação de acolhimento, um território sagrado.

Os encontros passam a funcionar para J. como precioso espaço de cuidado pessoal. Continuava a comparecer com assiduidade e disponibilidade. Nessa fase do trabalho, os exercícios criativos começaram a trazer-lhe à memória situações que remetiam a processos dolorosos da sua história de vida.

O reconto coletivo da história "Pele de foca, pele de alma" sinalizava a importância do processo criativo em grupo. Várias mulheres com histórias distintas, idade entre 30 e 60 anos e um desejo comum: conhecer melhor a sua própria história e desbloquear o fluxo da energia vital criativa. Nos textos, J. e companheiras abordam a importância do caminho coletivo dos iguais para compartilhar as alegrias e as tristezas do dia a dia. Notamos a necessidade da rede de segurança entre elas para que fosse possível chegar aos símbolos e imagens que traziam as situações geradoras da perda da vitalidade.

O analista junguiano James Hollis estimula reflexões sobre as vivências humanas mais doloridas ao afirmar:

> O pensamento, o tema e a prática da psicologia junguiana é que não existe nenhuma campina ensolarada, nenhum caramanchão repousante onde podemos dormir tranquilamente; existem, ao contrário, pantanais da alma onde a natureza, nossa natureza, pretende que vivamos grande parte da jornada, e de onde derivarão muitos dos momentos mais significativos da nossa vida. São os pantanais onde a alma é fabricada e forjada, onde encontramos não apenas os gravitas da vida, como também seu propósito, sua dignidade e seu mais profundo significado (1998, p. 10-11).

Nos seus pantanais, J. deparou-se com a desconexão entre seu coração e seu corpo, com sangue, dor, angústia, suor. **Vieram à memória vivências de opressão e muitos questionamen-**

tos sobre a história de suas feridas. Compreendemos que, desde a infância, tinha o desejo de se expressar de forma diferente. No entanto, foi chamada muitas vezes de rebelde, sendo desestimulada e reprimida. J. foi perdendo aos poucos a rota do seu caminho, adoecendo, chegando até a sentir segurança no modo de vida que foi criando para si mesma. Podemos afirmar que a sua pele original não chegou a se firmar, tendo em vista que, muito cedo, precisou se enquadrar em um contexto familiar, religioso e social que a impedia de vivenciar sua livre expressão.

A terceira etapa percorrida por J. corresponde ao pensamento de Estés:

> O fundamento inextinguível dentro de uma mulher empurra a "força da vida" para cima, para sua mente, seu coração e espírito. Se ela prestar atenção, se escutar, obterá "ideias", em outras palavras, "filhas" brotarão dela na forma de ideias novas e vibrantes por uma vida maior e com mais significado (2007, p. 42).

Na etapa final dos encontros nos foi necessário sedimentar o restabelecimento da ação criativa e livre no dia a dia. Chegava a hora também de alinhavarmos os efeitos do uso dos ativadores criativos em mulheres com depressão grave.

Especificamente na história de J., fomos observando, através dos exercícios, uma progressiva soltura da sua expressão criativa. No primeiro encontro ela se recusou a escrever, não desejava registrar a sua marca. Na etapa seguinte, já escrevia, fazia poemas, dançava, cantava e desenhava. Todo seu corpo participava ativamente do processo. Aparecia agora uma mulher inteira, com a sua história de vida e com o desejo resgatado.

Fora necessário entrar em contato com a dimensão do feminino divino personificado por Maria em certos textos por

ela produzidos. O restabelecimento desse Encontro Criativo mostrou-se de fundamental importância para que tivesse força e coragem de seguir adiante. Era preciso ajuda e permissão dessa instância sagrada interna que a fortalecia. Nas palavras de Hillman: "A fonte de imagens – imagens oníricas, imagens de fantasia, imagens poéticas – é a atividade autogeradora da própria alma" (1995, p. 27).

Após o contato com o feminino divino, J. começa a falar firmemente sobre sua mudança de atitude no dia a dia. Como se precisasse tornar palpável tudo o que deveria escutar de si mesma, escrevia textos poéticos onde falava: "Só o que está morto, não muda, mesmo que doa, dói só no início".

Começa a soltar o ato, fala da necessidade de fazer coisas proibidas para não sufocar. Recordemos, no início, a menina rebelde e suas consecutivas interdições. Hoje, mulher adulta, pode registrar a sua necessidade interna de sair do modelo imposto por sua família. Sua criatividade parece estar descrita neste comentário de Ostrower:

> Ao indivíduo criativo torna-se possível dar forma aos fenômenos. Porque ele parte de uma coerência interior que absorve os múltiplos aspectos da realidade externa e interna, os contém e os compreende coerentemente, e os ordena em novas realidades significativas para o indivíduo. Como ser coerente, ele estará mais aberto ao novo porque mais seguro dentro de si. Sua flexibilidade de questionamento, ou melhor, a ausência de rigidez defensiva ante o mundo, permite-lhe configurar espontaneamente tudo que o toca (1987, p. 132).

De fato, o ato criativo acaba tornando-se um importante exercício para estimular a autonomia e flexibilidade, fatores essenciais ao processo de mudança. Na história de J. começa a surgir o choro como elemento constante de resistência às pressões externas. Nos seus textos fala sobre o choro como reação ao sufocamento que muitas vezes foi imposto; o choro como forma de expressão do corpo e da alma que resiste às pressões. Diz: "A felicidade aparece para os que choram" – entendemos aqui o choro como primeira expressão humana de reação a situações de desconforto.

Surge então uma nova imagem simbólica: lagarta. Imagem que sugere o processo de transformação. De acordo com o dicionário de símbolos, a lagarta representa "o símbolo da transmigração em função da maneira pela qual passa de uma folha a outra, e do estado de larva aos de crisálida e borboleta, assim como a vida passa de uma manifestação corporal a outra" (CHEVALIER, 2002, p. 502).

O fluxo de ideias de J. corre agora livremente, continua a escrever sem bloqueios. No último exercício, descreve a sua jornada no grupo como a lagarta que se transforma em borboleta. **Refere-se ao tempo de bloqueio expressivo como sendo o período onde a lagarta se encontra no casulo.** Seria esse, essencialmente, um período de maturação emocional. A saída do casulo é sentida como desafiadora. Sabe voar, mas ainda não tem as rotas. Será necessário construí-las. "É difícil sair da segurança para entrar no perigo, da unidade inconsciente com um tu para entrar na solidão de uma independência e autonomia que se torna consciente de si mesma" (NEUMANN, 2000, p. 229).

Assumir uma postura criativa na vida requer disponibilidade para construir o seu caminho como único. Traçar as novas rotas, viver também momentos de solidão. Hollis comenta:

> É a função imaginativa, o poder de nos reimaginarmos como maiores do que nossa história. Uma vez mais, a pessoa só é livre quando pode dizer, com sentimento: "Eu não sou o que me aconteceu; eu sou o que escolhi ser". Eu não sou os papéis que eu represento; eu sou a minha jornada. Eu não sou a minha experiência limitante; eu sou o poder criativo do meu potencial. Esse esforço de reimaginação não nos livrará dos pantanais, mas seremos menos contidos por eles (1998, p. 175).

A utilização do modelo de intervenção criativa, aqui reportado, mostrou-se um valioso instrumento para desbloqueio imaginativo. Somente através do contato com esse potencial é que se pode fazer ou refazer as rotas da estrada da existência. **Nem mesmo o acúmulo de tristeza, histórias doídas e vivências de repressão é capaz de extinguir a vida criativa.** A história de J. assim o confirma. A retomada de sua pele primordial vai ao encontro da letra desta canção de Cadão Volpato:

> Não olhe pra trás
> Lá atrás ficaram
> As peles
> Pele de virar as costas pra sempre
> Pele de ouvir a língua
> Pele de não entender nada
> Pele de deixar a morada
> Pele de partir pra outra
>
> Pele de aeroporto
> Pele de dormir no sofá da sala
> Pele de rir sozinho no eco da sua casa
> Pele de portas fechadas
> Não olhe pra trás

O tempo ruge
Tempo de trocar a pele
Tempo de fazer cooper
Tempo de amar
Tempo de andar em círculos
Tempo de fechar o livro
Tempo de fechar o ciclo
Tempo de voltar ao início
Tempo de lavar a louça
Tempo de apagar e chorar de frio

Na madrugada
Não olhe pra trás
Lá atrás ficaram
As peles
Pele de virar as costas pra sempre
Pele de ouvir a língua
Pele de não entender nada
("As peles", Cadão Volpato).

Em resumo, para J., é tempo de sair do casulo, deixar a pele que não era sua, descobrir a pele antiga, a mais antiga, sem máculas. Trocar de pele, "fechar o ciclo", como diz a canção. Voltar ao início e, no início, ela já era borboleta.

Ao buscarmos intervir no processo de saúde/doença através da realização dos Encontros de Estímulo à Criatividade pudemos chegar a algumas constatações:

- A depressão é um fator de restrição da energia criadora.
- É possível desbloquear a energia criativa com o uso sistemático dos ativadores criativos, mesmo nos casos de depressão grave.
- É necessária disposição para rever padrões pessoais para que o fluxo criativo flua sem entraves.

- A relação estabelecida com o grupo é fator determinante para trabalho criativo.
- A utilização prévia do relaxamento criativo é um facilitador para o uso dos ativadores.
- O vínculo e a confiança estabelecida com o coordenador do grupo auxiliam na liberação das fantasias pessoais.
- Para que as conquistas geradas pelo trabalho sejam mantidas é indicada a manutenção de espaços criadores no cotidiano.

6
Narrativas enviesadas: as dores da alma inscritas na pele

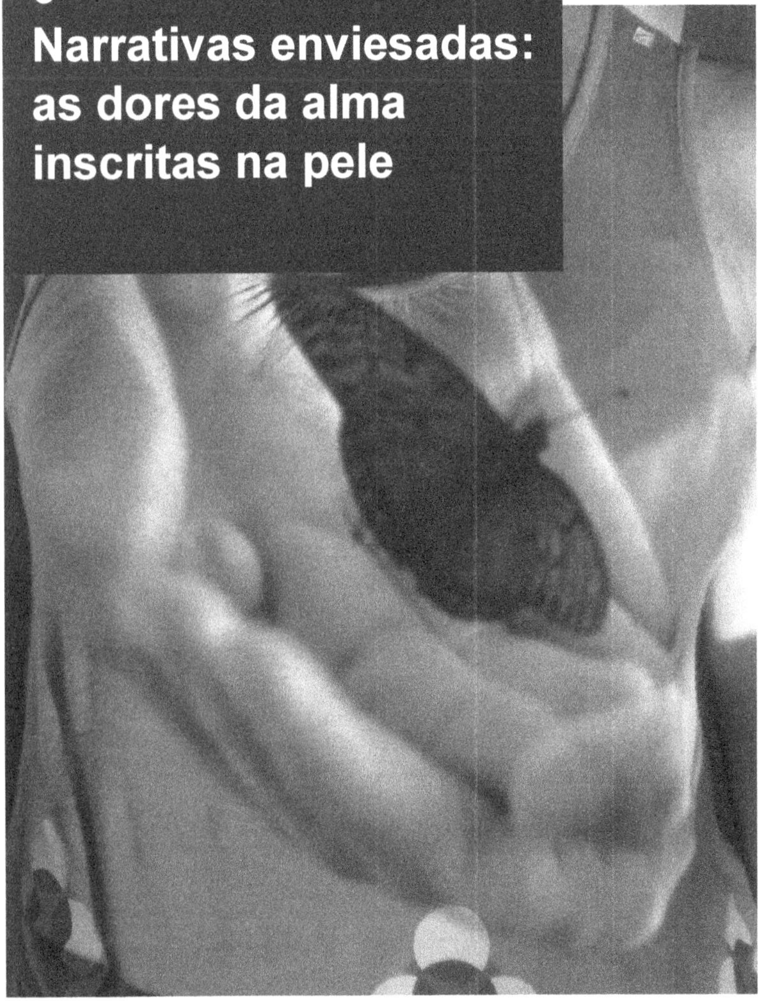

Figura 17 Saindo do casulo
Imagem projetada na pele de A. nos Encontros de Estímulo à Criatividade.

No desenvolvimento de novas formas de expressão existe a vivência das etapas. A metáfora da lagarta que vira borboleta é pertinente para ilustrar a história aqui relatada. É necessário um período de maturação para que a vida apareça em toda a sua plenitude.

> A pele é o poro do pulso, o túnel do toque, a casca dos órgãos, o abrigo dos sentidos. É o lar da língua. A pele é o útero da alma (CANTON, 2009, p. 53).

Neste capítulo, usaremos a imagem poética – metafórica – para tecer uma série de relações no tema estudado, dentro de um contexto maior: o feminino na contemporaneidade, os desafios e, principalmente, as marcas de dor trazidas pelo afastamento das raízes. O aporte das nove mulheres envolvidas nos Encontros Criativos nutre as considerações tecidas ao longo destas linhas.

O Planeta Terra tem o registro da passagem das eras imortalizadas nos seus relevos, vegetações, rios... Tal qual o planeta, o corpo guarda, nos seus relevos e riachos, as inscrições das nossas vivências. A intensidade emocional faz os relevos. As águas marcam tudo o que é fluido. A nossa pele é a terra, onde se inscrevem as dores da alma. As mulheres em processo terapêutico criativo sabem disso.

O modo de vida contemporâneo impõe às mulheres um afastamento das situações simples do cotidiano e coloca tam-

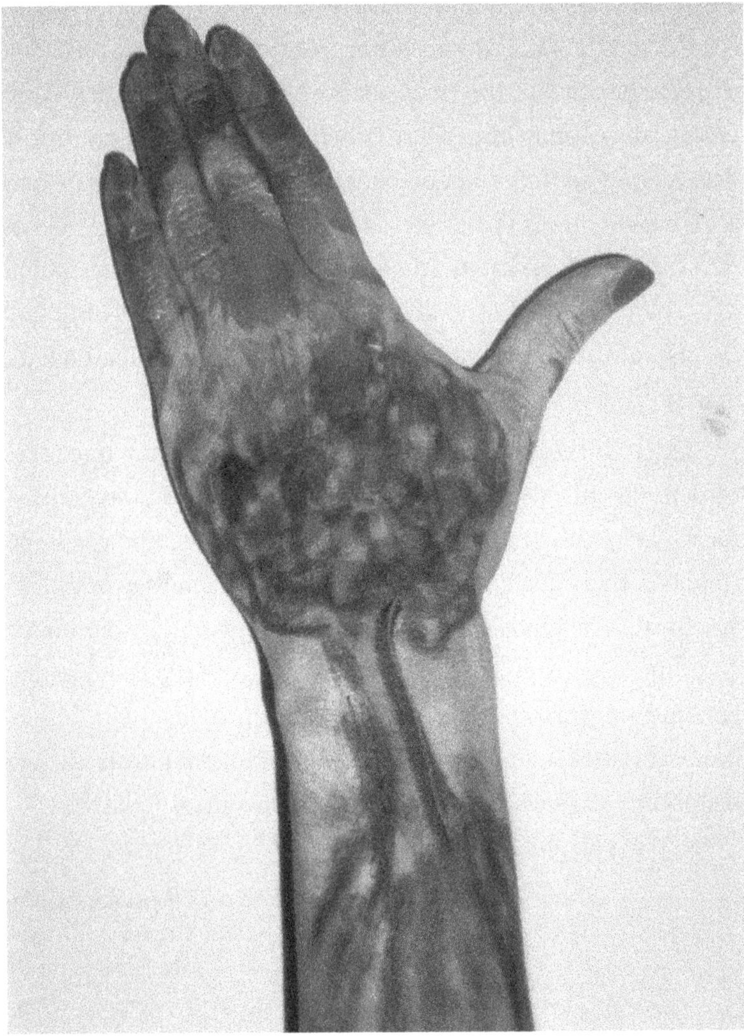

Figura 18 Frutos
Imagem pintada na mão de uma das mulheres do Grupo de Estímulo à Criatividade.

bém como função olhar severamente com a lente do *logos* para a realidade que as circunda. São as horas do relógio regido por *cronos* – o tempo cronometrado em minutos e segundos – e um frequente embrutecimento da poesia. Em detrimento de *kairós* – o tempo não cronometrado. É gerado um vazio pela falta de reconhecimento das imagens primordiais. As pessoas vivem cercadas e estimuladas por uma rede imagética da cultura de massa que gera um empobrecimento emocional. São impelidas a deixar-se enredar pela teia da produção e rapidez, perdendo ou se afastando substancialmente da poesia inscrita no tempo não quantificável. **O trabalho criativo mostra a possibilidade de instauração da poesia que foi roubada pela dificuldade do manejo com o tempo e sua falta.**

Existe um texto comum na contemporaneidade que fala a respeito da ausência de espaços para vivências de integração e sacralidade. Convivemos com a aceleração do tempo e o império das rotinas que geram afastamento das memórias pessoais e ancestrais. Andamos em cima do tempo, em relação geralmente conflituosa. Aparecem nossos cotidianos esvaziados e paralelamente sintomas e queixas que espelham o vazio e a falta de fluidez criativa, como é o caso da depressão, aqui ilustrado pela história de J. e suas companheiras dos Encontros Criativos.

Nas palavras de Barcellos:

> A depressão leva o sujeito necessariamente para baixo, para um aprofundamento em si mesmo. Diminui o ritmo, desacelera o intelecto, aproxima o horizonte. Talvez nada hoje em dia consiga para nós o que consegue a depressão, e por isso sua presença tão marcante: esforços da farmacologia à parte, na depressão somos lança-

> dos irremediavelmente no vale da alma (apud HILLMAN, 1995, p. 12).

O contato com o chamado da alma funciona como apelo de reorganização. A natureza deseja e necessita ser honrada.

> O homem moderno, entretanto, é racional demais, inteligente demais, demasiadamente conhecedor de tudo, afastado demais da natureza e de suas contradições, e não leva a sério suas próprias intuições e as imagens que surgem de sua alma (JAFFÉ, 1995, p. 149).

Neste sentido, entendem-se os sintomas de vazio, ansiedade, esganação e depressão como um importante veículo que impõe ao ser humano parar e olhar para dentro, como fizeram as nove mulheres participantes dos Encontros Criativos. Sem isso, jamais encontrariam uma saída satisfatória. É preciso olhar para o cotidiano e começar a repensar os antigos hábitos.

O fenômeno contemporâneo aponta para a necessidade de negociar e reescrever o cotidiano. Surge uma possível chave para o arteterapeuta na sua prática, associando fertilmente palavras às ações de recriação, gerando escritas poéticas e diversas. Dessa forma, convida-se o tempo, o cotidiano a servir, cultuar o sagrado na ação. Integrando o dia a dia às demandas da alma e trazendo a multiplicidade contemporânea a favor da saúde, beleza e harmonia.

Como afirma Hollis:

> Onde quer que estejamos prontos para abraçar a ansiedade, cresceremos e criaremos novos padrões, nova história. Onde quer que escolhamos, de um jeito novo no presente, faremos com que nossa jornada fique mais consciente, e possivelmente mais consistente com o que o destino exige (2004, p. 39).

O trabalho criativo aparece como laboratório, palavra que relaciona a oração e o labor. Nas palavras de Jung, é justamente no campo fértil do inconsciente que poderemos recolher a poesia não vivida.

> A vida civilizada exige hoje um funcionamento consciente, concentrado, dirigido, e isso acarreta o risco de uma considerável dissociação do inconsciente. Quanto mais conseguimos nos afastar do inconsciente através de funcionamento dirigido, mais prontamente uma poderosa contraposição pode formar-se no inconsciente e, quando explode, talvez provoque desagradáveis consequências (JUNG, 1916, apud CLARKE, 1993, p. 148).

Falando especificamente sobre a necessidade feminina, observamos que:

> Toda mulher possui uma vida secreta, pensamentos e sofrimentos ocultos e, por mais que estes estejam enfraquecidos, quer descobrir-se inspiradora, intuitiva e criadora. Um anseio que brota quando percebe quão pouco tempo dedica ao desejo de sondar sua vida criativa (BARCELLOS, 2004, p. 153).

No entanto, para que a vida criativa feminina seja possível é necessário pensar a psique como um templo onde se pode incubar e gestar sensações e sentimentos e torná-los expressão criativa.

No decorrer dos Encontros de Estímulo à Criatividade com o grupo de mulheres, os textos criados foram sendo recolhidos. Relatos poéticos de dor e desejos. Seguindo a ideia do exercício criativo de Metamorfose Total do Objeto (Ativador Criativo desenvolvido por David Del Prado Diéz, que propõe o desmembramento e modificação do objeto inicial, transformando-o em outro produto), nasceu uma nova narrativa que mostra o caminho percorrido e alguns aspectos comuns ao universo simbólico e arquetípico feminino. Tal como um quebra-cabeças de frases e imagens. Não existe agora um autor definido, mas uma história que ecoa na voz de muitas mulheres.

Nessa narrativa, observamos a presença de imagens da natureza sempre que são referidos espaços ou momentos de harmonia e equilíbrio. A lua aparece quando é necessário que seja restabelecido o estado original: o estado saudável. Aparece aqui outro recorte possível para a análise do uso dos ativadores criativos. Recorte esse mais focado na expressão simbólica e suas relações com a psique feminina coletiva. Nasce uma história que fala do caminho de heroínas em busca do caminho de volta à sua casa sagrada. Nessa casa, a verdade é líquida e fluida, as mulheres dançam, amam, vivem o prazer no seu corpo, cantam, sorriem, cultivam a terra, criam filhos e principalmente continuam a sonhar. É como se tivessem ouvido este convite nas palavras de Bachelar:

> Vinde, ó meus amigos, na clara manhã, cantar as vogais do regato! Onde está nosso primeiro sofrimento? É que hesitamos em dizer... Ele nasceu nas horas em que acumulamos em nós coisas caladas. O regato vos ensinará a falar ainda assim, apesar das dores e das lembranças, ele vos ensinará a euforia pelo eufemismo, a energia pelo poema. Ele vos repetirá, a cada instante, alguma palavra bela e redonda que rola sobre as pedras (1997, p. 202).

A essência e a dor

> A melancolia é semelhante à depressão, e, realmente, as duas se subordinam aos elementos Terra e Água, arquetipicamente femininos, que represen-

Figura 19 Braços abertos
Imagem projetada na mão de uma das mulheres
do Grupo de Estímulo à Criatividade.

tam, sobretudo, o peso das coisas, mas também a constância e a capacidade de adaptação às circunstâncias externas (DAHLKE, 2009, p. 181).

Sofremos pelas imagens e fantasias que criamos; no entanto, é também na criação de imagens e fantasias que chegaremos à consciência e ao equilíbrio. A proposta é o mergulho nas águas profundas. Lá reside o tesouro. Água, lugar por excelência do inconsciente. "A água leva-nos. A água embala-nos. A água adormece-nos. A água devolve-nos a nossa mãe" (BACHELARD, 1997, p. 136).

Segue-se a história construída no exercício da metamorfose total do objeto, que se desenvolve como uma narrativa mítica e simbólica mostrando as etapas do crescimento pessoal. A heroína, no caso as mulheres que participaram do grupo de criatividade, descreve o seu mundo interior:

> No momento, me vejo no fundo do mar vendo os peixes, areia, água, angústias do passado, sofrimento, só trabalho. Ainda resta uma lembrança de quando passava pelo caminho via os passarinhos cantando e voando pelos matos, com os seus filhotes.
>
> Sinto dor, angústia, tristeza, solidão, medo, desconfiança, desespero, agonia, destruição. No entanto, desejo a construção de algo que me faça sorrir, viver mesmo sem forças.
>
> Querido sol, vem aquecer a minha dor, corpo solitário e mente confusa. A fase que mais sinto saudade é a infância; relembro os brinquedos e brincadeiras, amigos, enfeites, festas, pirulitos, cuidados e lacinhos, o período mais doce de minha existência, cheio de afeto e compreensão. A verdade é que cresci, e no meu caminho, além de árvores, estradas, pessoas, cachorros e flores na

calçada, também encontro pedras e no barco à vela da minha vida muitas vezes remo para trás cada vez que deparo com a brutalidade, violência, desrespeito e indiferença.

Meu desejo é encontrar força, alegria, determinação, autoconfiança, fé e aprender a dizer palavras sábias e na hora certa. Hoje estou em busca e espero encontrar mar, água, verde, vento, pérolas, ondas, areia e coragem.

Eu gostava muito de natureza. Gosto até hoje: mar, conchas, algas, peixes, areia, pedras, árvores, riachos, água, frutas. Eu sou como uma alga que vive velejando no mar em busca da alegria perdida por trás das montanhas da vida. Quero deixar fora de mim os sentimentos de angústia que me transformam em uma pessoa violenta e apática.

Nasci pequena e doce, recebida com um mar de carinho. E na mais antiga camada, eu estou coberta de amor, coberta com um manto de cor vermelha, ouvindo o canto do beija-flor, em uma plantação de flores, vendo e admirando o trabalho da pequena e quase indefesa abelha, que tem a missão de colher o néctar das flores para produzir mel. Durante este momento me sinto coberta de paixão por tudo que a natureza me oferece, ao mesmo tempo em que me sinto tomada por uma tristeza e minha alma fica preta e vem à memória perdas irrecuperáveis. Vejo nuvens e fico flutuando sobre elas sem conseguir me sentir firme e segura.

E na mais antiga camada aroma de flores, nuança de verde, beleza do campo, flores, terra molhada, jasmim e frutas. Estou coberta de vento, folhas verdes, de soluços, passado, solidão. Debaixo dos meus pés, terra, desesperança, gemidos e luz.

Areia não tem sabor, só a do mar que é salgada. Certo dia eu estava na praia e uma onda me der-

> rubou, então percebi que a areia era salgada devido à água do mar. A imagem recorda uma época onde na pele havia muita pureza e liberdade. O que continua até hoje é a delícia de olhar para o céu e as estrelas e sonhar.
>
> É tão quentinho e aconchegante o frio da minha solidão! É tão difícil saber se o que me espera lá no infinito me causará ou não dores novas, com as quais ainda não sei conviver! (Texto coletivo.)

Na primeira fase da história, quando se refere à essência e à dor, notamos que o imaginário é circundado por memórias da infância e vivências da vida adulta. Na criança existia a liberdade e uma série de memórias revigorantes, muitas referentes também a uma atmosfera de cuidado. **Nas camadas mais profundas existe o amor e se escuta o canto do beija-flor. No entanto, a vida adulta é percebida como período de dor, estagnação e perdas significativas. Circunda a narrativa a presença constante do elemento água: água do mar, água do rio. Elemento da natureza essencialmente ligado ao feminino, ao inconsciente, ao tempo lunar.**

Nas palavras de Cavalcanti, "a água simboliza o ventre materno como um espaço onde se realizam os grandes nascimentos e as grandes mudanças; por isso, foi comparada pelos alquimistas a um laboratório, a um lugar de transformações" (1997, p. 162). O imaginário dá boas pistas de que se está começando a explorar um fértil território de mudanças.

Entretanto, Dahlke observa que:

> A água saudável tem de estar em movimento, numa troca constante com o meio ambiente, pois só assim ela se regenera e continua fresca. A água parada corre o risco de pegar sujeira e a vida den-

> tro dela se tornar impossível, como acontece nos casos de depressão. A depressão se desenvolve nos pântanos da alma, onde o fluxo da vida se interrompe, onde ele se estanca diante de um obstáculo e por algum tempo não consegue voltar a fluir (2009, p. 212).

Parece-nos que o uso dos ativadores criativos trouxe à consciência os dois polos de uma questão. No primeiro, as mulheres percebem a existência a de uma essência saudável, que brilha e tem aroma de flores. No outro polo, a imobilidade, dor, desesperança, solidão e medo. No entanto, com essas imagens nas mãos seguem adiante, decidem passar para outra etapa iniciática.

Restabelecimento da dor

Nas narrativas enviesadas o princípio criativo restabelece a dor.

Na segunda parte da jornada, surge o diálogo com instância interna, que funciona como a grande sábia. Ela deverá orientar o caminho de agora em diante. Interessante perceber que o cenário da história escurece. "Faz escuro, mas eu canto", **diz notável canção brasileira. O território agora é lunar.**

Como afirma Neumann:

> O processo criativo não ocorre sob os raios escaldantes do sol, mas à luz fria e refletida da lua, quando a escuridão do inconsciente é grande: é de noite, e não de dia, à hora de gerar. A escuridão e o sossego, a intimidade, permanecer calado, velado, são parte disso (2000, p. 99).

Eis mais um exemplo de narrativa enviesada a negociar e reescrever o cotidiano:

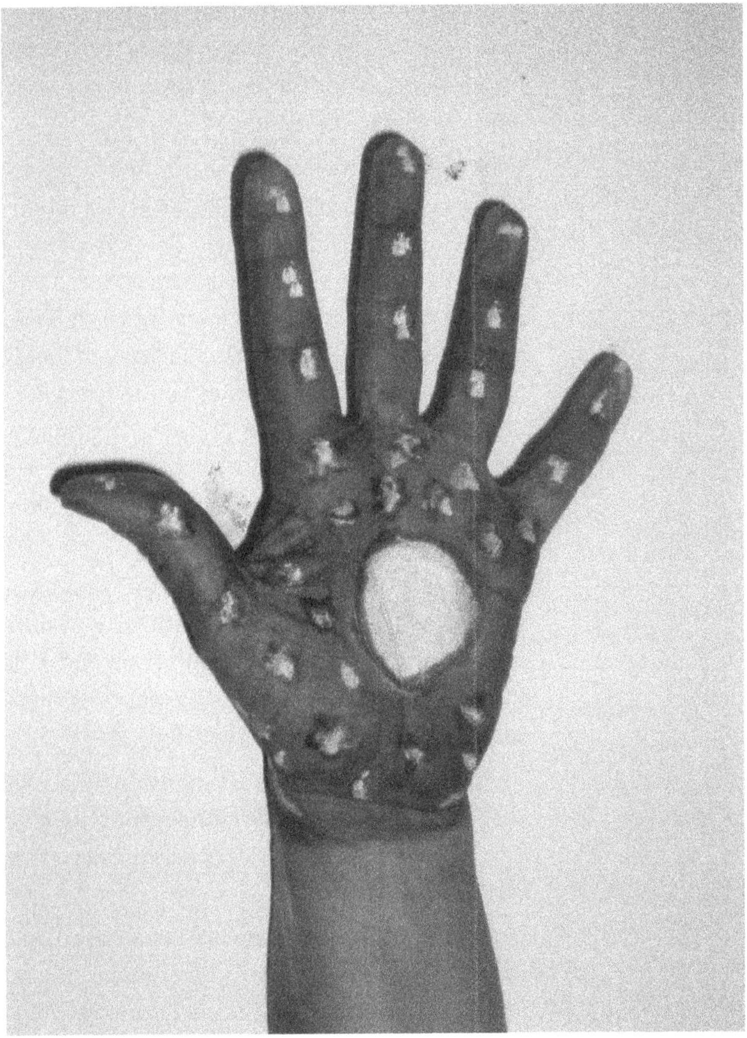

Figura 20 Lua nas minhas mãos
Imagem pintada na mão de uma das mulheres do Grupo de Estímulo à Criatividade.

Como você está? Quanto tempo não é?! E aí, quando você vai dar aquela sacolejada em mim? Preciso acordar do meu sono, da minha inércia e só você pode conseguir esta proeza.

Cadê você? Sinto sua falta, sinto-me quieta, parada em um canto... Eu pessoa externa, por dentro um burburinho de emoções... um vazio fértil querendo explodir, mas calo ou choro ou nada.

Cadê você? Preciso sentir a sua força que tão minha, preciso acalentar a dor que teima. Minha guardiã está escondida dentro de mim e vem à tona quando me sinto desamparada, afrontada, com medo, desiludida. Então ela surge trazendo consigo uma força que transcende o entendimento. É como se brotasse em mim alguém forte, lutadora, decidida, como se as pressões do cotidiano me impulsionassem, fossem um combustível para alimentar o meu próprio eu, resgatando o melhor, ou o pior, talvez, que existe em mim.

Lua cheia, lua crescente, lua e lua que ouve meus segredos e responde com seu brilho. Lua nova quando inicia o seu crescimento e me enche de tudo no sussurro festivo que acompanha meus sonhos, ilusões e desejos... Lua, fé!

Amiga, preciso vê-la, senti-la, pois quando você chega, mesmo em noites de chuva, para eu admirá-la e receber sua energia e das estrelas que sempre estão com você, comigo.

Lua que sou, tenho momentos de nuanças suaves, fortes, opacos, cintilantes e transparentes. Embelezo céu, tenho fases, ora estou cheia, crescente, minguante e sempre nova; nova... Sou símbolo do amor, tema para poetas e descobertas científicas. Sou simplesmente lua, lua! De mim e de todos!

Uma centelha feminina ao meu redor impede que uma luz interna se apague. Muitos têm tentado, mas essa centelha é imortal, transcende tudo que é material em mim, e mesmo quando tudo está escuro, tão escuro que é difícil encontrar os cacos despedaçados e espalhados de mim, a centelha brilha e atrai os pedaços como ímã, criando nova forma, talvez melhor, talvez pior, mas sempre acesa.

É bom reservar um tempo para conversar com você. As frases pré-elaboradas são importantes, mas é preciso abrir meu coração a ti, coisa que não faço desde muito tempo. Você é a minha mãe suprema, o amor personificado, que olha por mim dia e noite e que me compreende. Não estou bem. Estou confusa, perdida, precisando encontrar meu caminho. Não o caminho que me impuseram até agora. Sei que você compreende. É tudo tão difícil, que às vezes se torna pesado demais. Ajuda-me a clarear minha mente, encontrar serenidade, paz, alegria, discernimento. Preciso de sua ajuda para não me perder nesse labirinto em que me encontro. Conto com vosso amor ilimitado. Não permitas que eu fique no meio do caminho.

A minha guardiã é um pouco de força que encontro dentro de mim, para suportar as dificuldades, as angústias, tristezas, depressão e até mesmo pouca vontade de viver. A depressão é como uma panela de pressão que a qualquer momento pode explodir (Texto coletivo).

A fim de restabelecer o potencial criador é necessário ir abrindo espaços para que o fluxo da energia vital volte a circular. Naturalmente, ocorre uma descida aos recantos mais antigos, relembrando a busca aos achadouros da infância proposta por Manoel de Barros.

Em termos de imagens arquetípicas, observamos no texto a forte presença da lua como importante auxiliar no caminho. Vem a propósito o poema "Lua Adversa", de Cecilia Meireles (1942):

> Tenho fases, como a lua
> Fases de andar escondida,
> fases de vir para a rua...
> Perdição da minha vida!
> Perdição da vida minha!
> Tenho fases de ser tua,
> tenho outras de ser sozinha.

O imaginário estimulado pelos exercícios criativos começa a constelar o potencial autocurativo da psique auxiliando o estabelecimento de uma mudança no funcionamento psíquico das mulheres aqui focalizadas. Necessário ressaltar a importância de se estabelecer um diálogo criativo com as instâncias psíquicas que habitam dentro de nós. Perguntar a nós mesmos sobre as saídas, sobre as possíveis rotas para atravessar os terrenos mais pantanosos. O trabalho criativo ajuda e estimula a questionar e procurar outras maneiras de atuar na nossa própria história. Segundo Neumann, "As imagens simbólicas do inconsciente são a fonte criativa do espírito humano, em todas as suas realizações" (NEUMANN, 2008, p. 29).

Verdade restituída

Uma vez atravessado o pântano, o caminho segue por um terreno de consolidação de novos hábitos. O grupo de mulheres se percebe agora mais vibrante, criativo e atuante frente às escolhas da vida. **O uso dos ativadores criativos por dez semanas consecutivas foi abrindo um espaço de cumplicidade e acolhimento que favoreceu a reorganização do psiquismo. Elas puderam olhar com mais atenção para a sua essência feminina.**

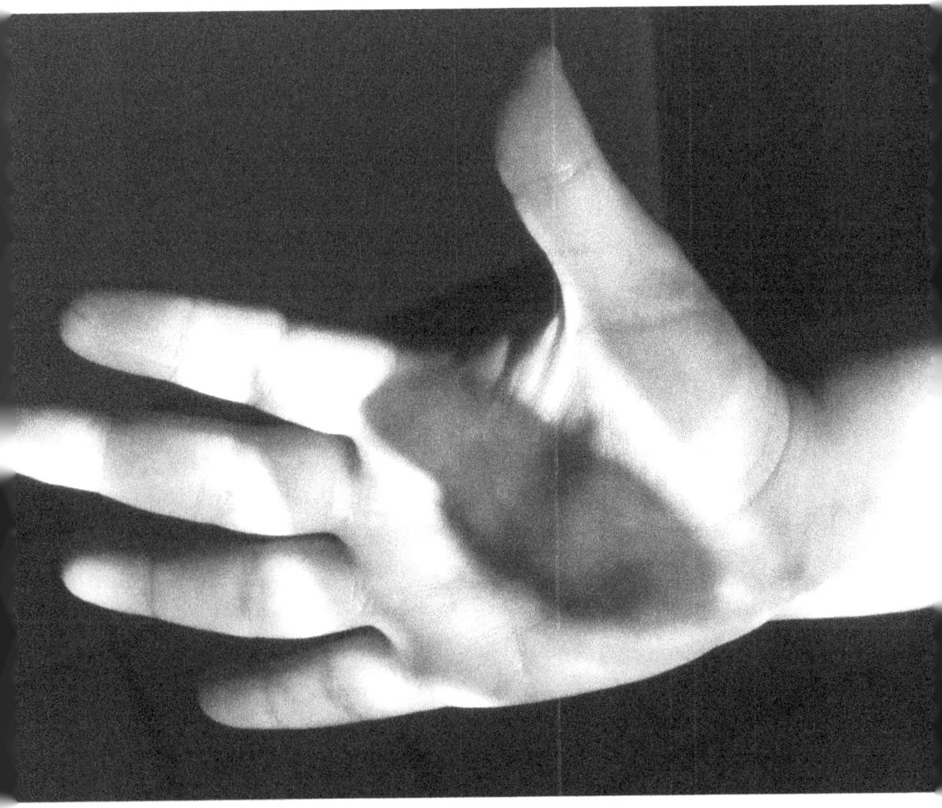

Figura 21 Voa borboleta
Imagem projetada na mão de uma das mulheres do Grupo de Estímulo à Criatividade.

Minha pele verdadeira é boa, feliz, afetuosa, carinhosa.

Tem muitas perspectivas para a vida. Há um calor, um fogo aceso no coração. Uma vida em constante confirmação, transformação para o novo. Uma vida cheia de paixão. Uma pele sempre ardente, em chamas, viva.

Cheguei aqui despida...

Despida de alegria, desejos, força, energia.

Compartilhamos nossas dores, frustrações,

limitações e até por vezes algumas conquistas.

Mas não foi fácil!

Resgatar o sabor da vida e a vontade de continuar vivendo é um processo doloroso.

Posso compará-lo ao processo da crisálida.

Tenho responsabilidade de cuidar, proteger e amar a mim mesma em primeiro lugar.

Quando perdi minha pele achei que não conseguia mais viver. Com o passar do tempo vejo diferente, não é fácil, mas estou me descobrindo.

Nova na alma, percepção, no olhar, no escrever.

Vejo uma estrada infinita onde há canteiro florido, música...

Quero minha vida assim de pele e alma, mas preciso de hidratação constante.

Vivo a vida
Com altos e baixos
Nem tem mais
Gosto ruim.
Minha guardiã é confiança.
Esta pele que me foi roubada
Hoje, está resgatada
Caminhos longos
E sofridos percorri
Lutei contra a minha impaciência

> Com passos lentos e delicados.
> Fui conquistando de volta
> Esta pele que é minha
> E que só a mim pertence
> E que eu, somente eu
> Sei como cuidá-la, alimentá-la,
> Fortalecê-la, hidratá-la,
> E torná-la vibrante, fresca e iluminada.
>
> Alegria, entusiasmo, fé, conquista, risco, atitude, coragem, foco, esperança, sorriso, doação, busca, entrega, partilha, mulher, consciência, abertura para o novo.
>
> Nada conseguiu ou conseguirá tirar o entusiasmo, a busca, a abertura para o novo e a consciência de mulher guerreira; não me distanciando das atitudes de entrega, partilha e doação. Felicidade é meu nome: menina/ mulher/ Eu/ Nós/ a vida (Texto coletivo).

A depressão tende a se prolongar na medida em que se recusar a seguir as novas etapas e desafios propostos para sua história, quando mais fica presa a comportamentos e atitudes que não condizem com a sua verdade pessoal. Nos encontros, foi sendo delicadamente inserida a vivência poética nas ações do dia a dia, focando e ativando as funções que levam à memória do que é sagrado em cada vida.

Na finalização dos encontros percebe-se um grupo mais fortalecido, amoroso e disponível. Puderam se deparar com recortes significativos da sua própria história e compartilhar criativamente com outras mulheres. Como consequência, houve relatos de uma maior harmonia e intensidade das ações do dia a dia. A criatividade pode resgatar a beleza no olhar o mundo. Em dez semanas, percebemos que os sintomas trazidos pela depressão estavam marcantemente atenuados.

As etapas iniciáticas foram cumpridas:

• Sair do modo de vida desconfortável, mas conhecido.

• Entrar no terreno pantanoso, lunar e escuro buscando tesouros perdidos.

• Encontrar com os guias internos e auxiliares.

• Sair do pântano com o tesouro nas mãos.

Ressaltemos o fato de que o grupo foi unânime em apontar a necessidade de continuar os encontros. As mulheres perceberam que o potencial criativo necessita ser constantemente estimulado para que funcione como gerador de saúde. Neste sentido, vale lembrar Estés:

> A poesia faz-se necessária para explicar a força vital de uma mulher: a dança, a pintura, a escultura, os ofícios do tear, o teatro, os adornos pessoais, as invenções, escritos apaixonados, estudos em livros e nos nossos sonhos, conversas com outras que sejam sábias, o atento intuir, refletir, sentir e pressentir... criações e realizações de todos os tipos são necessárias... pois existem certos assuntos místicos que as palavras concretas isoladas não conseguem expressar, mas que as ciências, contemplações do que é invisível, porém palpável, e as artes conseguem (2007, p. 43).

Explorar caminhos não trilhados e reavaliar valores e antigos hábitos requer paciência. Quando nos curamos de questões antigas, uma maior quantidade de energia vital é liberada e podemos elaborar as mais profundas feridas. Ao modificar nossa forma de agir e pensar a experiência de vida também modifica. Torna-se mais viva. Aprendemos a estar presentes e conscientes em todos os momentos e a não temer o futuro. Isso faz parte do processo criativo curativo. Vale salientar que, por cura, não entendemos a remissão de todos os sintomas físicos e emocionais, mas sim a possibilidade de abertura para as mais variáveis nuanças da vida.

Enfim, negociando e escrevendo o cotidiano, as participantes dos Encontros Criativos, através de suas narrativas, tiveram a sua verdade restituída ao penetrar nas camadas do feminino e processar as dores da alma inscritas na pele.

7
Concluindo ou mapeando a caminhada

Figura 22 A nossa bênção
Imagem da pintura na pele das mãos das mulheres do Grupo de Estímulo à Criatividade.

No final da jornada, temos peles multicolores, vivas, cheias de histórias reinventadas. O espaço criativo devolveu a cor, mostrou a possibilidade de desenvolvermos novas formas dentro e fora de si mesmo. O ato criador se tornou estímulo à autoexpressão.

> Saúde é buscar todas as experiências da criação e vivenciá-las, sentindo sua textura e seus múltiplos significados. Saúde é expandir-se para além do próprio estado de consciência para experimentar os sussurros e vibrações do universo (ACHETERBERG, 1996, p. 25).

O território de observação neste trabalho foi a vida psíquica feminina em sofrimento. Diante do exposto nestas páginas, consideramos o percurso realizado como uma relevante abertura para a exploração dos conteúdos psicológicos através da ação criativa.

Conceitos e definições referentes à aplicabilidade social e pessoal da criatividade foram revisitados. Como primeiro norte, constatamos ser o ato criativo algo inerente ao ser humano – condição ligada a sua existência. Assim tornou-se um vastíssimo campo de investigação.

É importante assinalar que a realização deste trabalho possibilitou a construção de um território híbrido. Foi preciso ir beber na fonte da psicologia analítica e da arteterapia para complementar a leitura simbólica da intervenção criativa. O panorama foi tecido com delicados fios para poder dar contenção à dor psicológica e à estagnação imagética vivida na depressão.

Na arteterapia estimula-se a constante produção de imagens. No entanto, não poucas vezes, os arteterapeutas se deparam com o processo de estagnação criativa, principalmente nos casos de adoecimento psicológico. Ao que parece, nas observações realizadas, a vida criativa se mostrou condição necessária à vivência de bem-estar.

O desenvolvimento do método de intervenção criativa com mulheres em depressão grave configurou-se numa maneira suave de desafiar o paradigma contemporâneo que leva à produção em massa. A alma feminina sempre necessitou de alimentos muito específicos, como, por exemplo, histórias de encantamento.

Quando foi utilizado o conto da tradição oral "Pele de foca, pele de alma", buscou-se trazer à memória as histórias pessoais mais remotas e saudáveis e, através delas, resgatar a vitalidade das pacientes no dia a dia.

Nesse contexto, os ativadores criativos foram o principal aliado, especificamente pela vasta quantidade de formas de se fazer uso deles. Foi possível fazer analogias, recriar textos, tempestades de ideias e ir aos poucos descongelando a capacidade de expressão.

A palavra escrita tornou-se o principal referencial. Os ativadores serviram para estimular a criação de palavras que foram derivando mais palavras, formando histórias e poemas que funcionaram como valiosos espelhos, refletindo as verdades de cada uma das participantes dos Encontros Criativos.

Para conseguirmos transformar a energia estagnada pela depressão em ação criativa, fora preciso acessar as histórias que se inscreveram na pele e na alma. A isto se deu o nome de *força curadora criativa.* A escrita como possibilidade de registrar e reler a própria história.

O desbloqueio da força criadora contribuiu para estabilizar a tensão psíquica causada pela depressão, ampliando a consciência em relação a aspectos da personalidade. Vale ressaltarmos a experiência criativa como fundamental, tanto para pacientes quanto para terapeuta, mostrando que para trilhar esse caminho é indicado ao terapeuta trabalhar a sua própria vida criativa.

Os relatos clínicos, por sua vez, não param de nos interrogar e colocar questões sobre o vazio que se impõe à alma de algumas mulheres na contemporaneidade. Levou-nos a pensar a importância de agir de forma preventiva ao adoecimento. Seria o trabalho criativo uma ação profilática à depressão? Quando se busca inventar soluções no enfrentamento de uma questão de tamanha complexidade, temos que lançar mão dos mais diferentes dispositivos, temos que ousar, remexer nos nossos próprios baús em busca de um repertório de ações.

Com o final do trabalho, permanece em parte a inquietação, e acreditamos que essa só será respondida com a continuidade do exercício elaborado. Será necessário repetir os encontros com outros grupos de mulheres a fim de que o método seja lapidado.

Nas palavras de L., uma das participantes do grupo, segue relato-síntese do percurso do grupo:

Minha caminhada

Hoje é 5ª feira
Acordo agitada, tenho um compromisso
Que mistério
Fui selecionada para um trabalho no Caps.
Ai, que angústia! O que será?

> Então chega a ansiedade, medo, o *kit* completo.
>
> Desconfiada chego como sempre atrasada, gritando agitada.
>
> Lá na sala encontro uma garota loira parecendo uma menina tranquila, *light*.
>
> Começamos se comprometendo a assumir este encontro.
>
> Onde formamos não um grupo, mas uma confraria. É legal demais. Estou com pele nova linda sem precisar de silicone, lipo etc.
>
> Nova na alma, percepção, no olhar, no escrever.
>
> Está sendo ótimo, é como se fosse uma estrada infinita onde há canteiro florido, música...
>
> Onde caminhamos devagar, mas com passos firmes e perfumados. Com direito até a chá da China chic.
>
> Quero minha vida assim de pele e alma, mas preciso de hidratação constante. Com o seguinte hidratante: determinação, sorriso, amor, amizade e outras coisas...
>
> Porém, conservando a minha essência mesmo com a pele nova...

O mais importante ao destacar nesse caminho é esclarecer o seguinte: das profundezas, das memórias do inconsciente devem surgir as soluções para os conflitos vividos na depressão. Como afirma L.: "Caminhamos devagar, mas com passos firmes e perfumados". A vitalidade feminina depende de como alimenta a sua vida criativa e, mesmo nos casos mais graves, é possível reacender a chama. O que encanta e emociona é constatar que o processo criativo é capaz de assegurar a vida sacralizada e cada ato é um rito de cura e estabelecimento da vitalidade. A cada imagem uma memória e reflexão pessoal.

Sou como rio?

Sim! Margens, curvas, nascente, períodos de seca e também de cheias.

Minhas águas muitas vezes transbordam.

Transbordaram nesse texto que agora compartilho.

8
Algumas histórias

Pele de foca, pele da alma

Houve um tempo, que passou para sempre e que irá logo estar de volta, em que dia corre atrás do outro de céus brancos, neve branca... e todos os minúsculos pontinhos escuros ao longe são pessoas, cães ou ursos.

Nesse lugar, nada viceja gratuitamente. Os ventos são fortes, e as pessoas se acostumaram a trazer consigo seus *parkas*, *mamleks* e botas, já de propósito. Nesse lugar, as palavras se congelam ao ar livre, e frases inteiras precisam ser arrancadas dos lábios de quem fala e descongeladas junto ao fogo para que as pessoas possam ver o que foi dito. Nesse lugar, as pessoas vivem na basta cabeleira da velha Annuluk, a avó, a velha feiticeira que é a própria Terra. E foi nessa terra que vivia um homem... um homem tão solitário que, com o passar dos anos, as lágrimas haviam aberto fundos abismos no seu rosto.

Ele tentava sorrir e ser feliz. Ele caçava. Colocava armadilhas e dormia bem. No entanto, sentia falta de companhia. Às vezes, lá nos bancos de areia, no seu caiaque, quando uma foca se aproximava, ele se lembrava de antigas histórias sobre como as focas haviam um dia sido seres humanos e como o único remanescente daqueles tempos estava nos seus olhos, que eram capazes de retratar expressões, aquelas expressões sábias, selvagens e amorosas. Às vezes, ele sentia nessas ocasiões uma solidão tão profunda que as lágrimas escorriam pelas fendas já tão gastas no seu rosto.

Uma noite, ele caçou até depois de escurecer, mas sem conseguir nada. Quando a lua subiu no céu e as banquisas de gelo começaram a reluzir, ele chegou a uma enorme rocha malhada no mar e seu olhar aguçado pareceu distinguir movimentos extremamente graciosos sobre a velha rocha.

Ele remou lentamente e com os remos bem fundos para se aproximar, e lá no alto da rocha imponente dançava um pequeno grupo de mulheres, nuas como no primeiro dia em que se deitaram sobre o ventre da mãe. Ora, ele era um homem solitário, sem nenhum amigo humano a não ser na lembrança – e ele ficou ali olhando. As mulheres pareciam seres feitos de leite da lua, e sua pele cintilava com gotículas prateadas como as do salmão na primavera. Seus pés e mãos eram longos e graciosos.

Elas eram tão lindas que o homem ficou sentado, atordoado, no barco, e a água nele batia, levando-o cada vez mais para junto da rocha. Ele ouvia o riso magnífico das mulheres... pelo menos elas pareciam rir, ou seria a água que ria às margens da rocha? O homem estava confuso, por se sentir tão deslumbrado. Entretanto, dispersou-se a solidão que lhe pesava no peito como couro molhado e, quase sem pensar, como se fosse seu destino, ele saltou para a rocha e roubou uma das peles de foca ali jogadas. Ele se escondeu por trás de uma saliência rochosa e ocultou a pele de foca dentro do seu *qutnquq, parka.*

Logo, uma das mulheres gritou numa voz que era a mais linda que ele já ouvira... como as baleias chamando na madrugada... ou não, talvez fosse mais parecida com os lobinhos recém-nascidos caindo aos tombos na primavera... ou então, não, era algo melhor do que isso, mas não fazia diferença porque... o que as mulheres estavam fazendo agora?

Ora, elas estavam vestindo suas peles de foca, e uma a uma as mulheres-focas deslizavam para o mar, gritando e ganindo de felicidade. Com exceção de uma. A mais alta delas procurava por toda a parte a sua pele de foca, mas não a encontrava em lugar nenhum. O homem sentiu-se estimulado – pelo quê, ele não sabia. Ele saiu detrás da rocha, dirigindo um apelo a ela.

– Mulher... case-se... comigo. Sou um... homem... sozinho.

– Ah – respondeu ela. – Eu não posso me casar, porque sou de outra natureza, pertenço aos que vivem *temeqvanek*, lá embaixo.

– Case-se... comigo – insistiu o homem. – Em sete verões, prometo lhe devolver sua pele de foca, e você poderá ficar ou ir embora, como preferir.

A jovem mulher-foca ficou olhando muito tempo o rosto do homem com olhos que, se não fossem suas origens verdadeiras, pareciam humanos.

– Irei com você – disse ela, relutante. – Dentro de sete verões, tomaremos a decisão.

E assim, com o tempo, tiveram um filho a quem deram o nome de Ooruk. A criança era ágil e gorda. No inverno, a mãe contava a Ooruk histórias de seres que viviam no fundo do mar enquanto o pai esculpia um urso em pedra branca com uma longa faca. Quando a mãe levava o pequeno Ooruk para a cama, ela lhe mostrava pelo buraco da ventilação as nuvens e todas as suas formas. Só que, em vez de falar das formas do corvo, do urso e do lobo, ela contava histórias da vaca-marinha, da baleia, da foca e do salmão... pois eram essas as criaturas que ela conhecia.

No entanto, à medida que o tempo foi passando, sua pele começou a ressecar. A princípio, ela escamou e depois passou a rachar. A pele das suas pálpebras começou a descascar. O cabelo da sua cabeça, a cair no chão. Ela se tornou *naluaq*, do branco mais pálido. Suas formas arredondadas começaram a definhar. Ela procurava esconder seu caminhar claudicante. A cada dia, seus olhos, sem que ela quisesse, iam ficando mais opacos. Ela passou a estender a mão para tatear porque sua vista estava escurecida.

E as coisas iam dessa forma até uma noite em que o menino Ooruk despertou ouvindo gritos e se sentou ereto nas cobertas de pele. Ele ouviu um rugido de urso, que era seu pai repreendendo a mãe. Ouviu, também, um grito como o da prata que ressoa com uma pedra, que era sua mãe.

– Você escondeu minha pele de foca há sete longos anos, e agora está chegando o oitavo inverno. Quero que me seja devolvido aquilo de que sou feita – gritou a mulher-foca.

– E você, mulher – vociferou o marido. – Você me deixará se eu lhe der a pele.

– Não sei o que eu faria. Só sei que preciso daquilo a que pertenço.

– E você me deixaria sem mulher, e a seu filho, sem mãe. Você é má.

Com essas palavras, o marido afastou com violência a pele da porta e desapareceu noite adentro.

O menino adorava a mãe. Ele tinha medo de perdê-la e, por isso, chorou até dormir... só para ser acordado pelo vento. Um vento estranho... que parecia chamá-lo.

– Oooruk, Ooorukkk.

Ele pulou da cama, tão apressado que vestiu o *parka* de cabeça para baixo e só puxou os *mukluks* até a metade. Ao ouvir seu nome chamado insistentemente, ele saiu correndo na noite estrelada.

– Ooooooorukk.

O menino correu até o penhasco de onde se via a água e lá, bem longe no mar encapelado, estava uma foca prateada, imensa e peluda... Sua cabeça era enorme. Seus bigodes lhe caíam até o peito. Seus olhos eram de um amarelo forte.

– Ooooooorukk.

O menino foi descendo o penhasco de qualquer jeito e bem junto à base tropeçou numa pedra, não, numa trouxa, que rolou de uma fenda na rocha. O cabelo do menino fustigava seu rosto como milhares de açoites de gelo.

– Ooooooorukk.

O menino abriu a trouxa e a sacudiu: era a pele de foca da sua mãe. Ah, ele sentia seu perfume na pele inteira. E, enquanto mergulhava o rosto na pele de foca e respirava seu cheiro, a alma da mãe penetrava nele como um súbito vento de verão.

– Ah – exclamou ele com alegria e dor, e levou novamente a pele ao rosto. Mais uma vez, a alma da mãe passou pela dele. – Ah!!! – gritou ele de novo, porque estava sendo impregnado pelo amor infinito da mãe.

E a velha foca prateada ao longe mergulhou lentamente para debaixo d'água.

O menino escalou o penhasco, voltou correndo para casa com a pele de foca voando atrás dele e se jogou para dentro de casa. Sua mãe contemplou o menino e a pele e fechou os olhos, cheia de gratidão pelo fato de os dois estarem em segurança. Ela começou a vestir sua pele de foca.

– Ah, mãe, não! – gritou o menino.

Ela apanhou o menino, ajeitou-o debaixo do braço e saiu correndo aos trambolhões na direção do mar revolto.

– Ai, mamãe, não me abandone! Implorava Ooruk.

E logo dava para se ver que ela queria ficar com o filho, queria mesmo, mas alguma coisa a chamava, algo que era mais velho do que ele, mais velho do que ela, mais antigo que o próprio tempo.

– Ah, mamãe, não, não, não – choramingou a criança. Ela se voltou para ele com uma expressão de profundo amor nos olhos. Segurou o rosto do menino nas mãos e soprou para dentro dos pulmões do menino seu doce alento, uma vez, duas, três vezes. Depois, com o menino debaixo do braço como uma carga preciosa, ela mergulhou bem fundo. A mulher-foca e seu filho não tinham dificuldade para respirar debaixo d'água.

Eles nadaram muito para o fundo até entrarem no abrigo subaquático das focas, onde todos os tipos de criaturas estavam jantando e cantando, dançando e conversando, e a enorme foca prateada que havia chamado Ooruk, de dentro do mar da noite, abraçou o menino e o chamou de neto.

– Como você está se saindo lá em cima, minha filha? – perguntou a grande foca prateada.

A mulher-foca afastou o olhar e respondeu.

– Magoei um ser humano... um homem que deu tudo para que eu ficasse com ele. Mas não posso voltar para ele, porque, se o fizer, estarei me transformando em prisioneira.

– E o menino? – perguntou a velha foca. – Meu neto? – Ele estava tão orgulhoso que sua voz tremia.

– Ele tem de voltar, meu pai. Ele não pode ficar aqui. Ainda não chegou o seu tempo de ficar conosco. – Ela chorou. E juntos eles choraram.

E assim passaram-se alguns dias e noites, exatamente sete, período durante o qual voltou o brilho aos cabelos e aos olhos da mulher-foca. Ela adquiriu uma bela cor escura, sua visão se recuperou, seu corpo voltou às formas arredondadas, e ela nadava com agilidade. Chegou, porém, a hora de devolver o menino à terra. Nessa noite, o avô-foca e a bela mãe do menino nadaram com a criança entre eles. Vieram subindo, subindo de volta ao mundo da superfície. Ali eles depositaram Ooruk delicadamente no litoral pedregoso ao luar.

– Estou sempre com você – afiançou-lhe sua mãe. – Basta que você toque algum objeto que eu toquei, minhas varinhas de fogo, minha *ulu*, faca, minhas esculturas de pedra de focas e lontras, e eu soprarei nos seus pulmões um fôlego especial para que você cante suas canções.

A velha foca prateada e sua filha beijaram o menino muitas vezes. Afinal, elas se afastaram, saíram nadando mar adentro e, com um último olhar para o menino, desapareceram debaixo d'água. E Ooruk, como ainda não era a sua hora, ficou.

Com o passar do tempo, ele cresceu e se tornou um famoso tocador de tambor, cantor e inventor de histórias. Dizia-se que tudo isso decorria do fato de ele, quando menino, ter sobrevivido a ser carregado para o mar pelos enormes espíritos das focas. Agora, nas névoas cinzentas das manhãs, ele às vezes ainda pode ser visto, com seu caiaque atracado, ajoelhado numa certa rocha no mar, parecendo falar com uma certa foca fêmea que frequentemente se aproxima da orla. Embora muitos tenham tentado caçá-la, sempre fracassam. Ela é conhecida como *Tanqigcaq*, a brilhante, a sagrada, e dizem que, apesar de ser foca, seus olhos são capazes de retratar expressões, aquelas expressões sábias, selvagens e amorosas (ESTÉS, 1994, p. 323).

Canção para HuaMu-Lan

Donzela, quando soube que o inimigo ameaçava as fronteiras do seu país, vestiu a couraça de couro de rinoceronte, cingiu o elmo e partiu para a guerra.

Durante anos, seus negros cabelos esvoaçaram nas batalhas. Os generais compuseram canções em seu louvor. E muitos cavalos trocou, que tombavam sob as flechas. Nos exércitos, ao pé das fogueiras, contavam-se os seus feitos.

Mas, rechaçado o inimigo, apagaram-se as fogueiras, e os soldados voltaram para as suas casas. Pendurada num prego, a couraça sem serventia se cobre de poeira. Muitos fios brancos rajam os cabelos da donzela. Que não aprendeu a fiar. Que não aprendeu a tecer. E que agora debaixo de um salgueiro dorme e dorme, com sua espada expulsando inimigos para além das fronteiras do sonho (COLASANTI, 1999, p. 60).

Referências

ACHETERBERG, J. *A imaginação na cura*: xamanismo e medicina moderna. São Paulo: Summus, 1996.

ALMEIDA, L.H.H. "A psicologia junguiana e o corpo no processo de individuação". In: ZIMMERMANN, E (org.). *Corpo e individuação*. Petrópolis: Vozes, 2009.

ALMEIDA, V.L.P. "Movimento expressivo: a integração fisiopsíquica através do movimento". In: ZIMMERMANN, E. (org.). *Corpo e individuação*. Petrópolis: Vozes, 2009.

ARCURI, I.G. (org.). *Arteterapia*: um novo campo do conhecimento. São Paulo: Vetor, 2006.

BACHELARD, G. *A água e os sonhos* – Ensaio sobre a imaginação da matéria. São Paulo: Martins Fontes, 1997.

BARCELLOS, G. "Introdução: a anima 30 anos pós-Jung". In: HILLMAN, J. *Psicologia arquetípica*: um breve relato. 9. ed. São Paulo: Cultrix, 1995.

BARROS, M. *Memórias inventadas*: as infâncias de Manoel de Barros. São Paulo: Planeta do Brasil, 2010.

______. *Poeminha em língua de brincar*. Rio de Janeiro: Record, 2007.

BOECHAT, W. *Mitopoese da psique*: mito e individuação. Petrópolis: Vozes, 2008.

BUARQUE, C. *Fantasias* [Intérprete: BUARQUE, C.] [Disponível em http://letras.terra.com.br/chico-buarque/85965/ – Acesso em 05/05/2010].

CANTON, K. *Corpo, identidade e erotismo*. São Paulo: WMF Martins Fontes, 2009.

CAVALCANTI, R. *Mitos da água* – As imagens da alma no seu caminho evolutivo. São Paulo: Cultrix, 1997.

______. *O casamento do Sol com a Lua*: uma visão simbólica do masculino e do feminino. 9. ed. São Paulo: Cultrix, 1993.

CAZÓN, R.M.F. & VÁZQUEZ, P.P. *La palabra sorprendida*: técnicas creativas de escritura. Santiago de Compostela, Esp.: Creacción Integral, 2001.

CHARAF, M.P. *Relajación Creativa*: técnicas y experiencias. Santiago de Compostela, Esp.: Creacción Integral, 2001.

CHEVALIER, J. & CHEERBRANT, A. *Dicionário de Símbolos*. Rio de Janeiro: José Olympio, 2002.

CLARKE, J.J. *Em busca de Jung*: indagações históricas e filosóficas. Rio de Janeiro: Ediouro, 1993 [Originalmente apresentado em 1992].

COLASANTI, M. *Um espírito de marfim e outras histórias*. Porto Alegre: L&PM, 1999.

DAHLKE, R. *Depressão* – Caminhos de superação da noite escura da alma. São Paulo: Cultrix, 2009.

EDINGER, E.F. *Ciência da alma*: uma perspectiva junguiana. São Paulo: Paulus, 2004.

ELIADE, M. *Imagens e símbolos* – Ensaio sobre o simbolismo mágico-religioso. 3. ed. São Paulo: Martins Fontes, 2002 [Originalmente apresentado em 1991].

ESTÉS, C.P. *A ciranda das mulheres sábias*: ser jovem enquanto velha, velha enquanto jovem. Rio de Janeiro: Rocco, 2007.

______. *Mulheres que correm com lobos* – Mitos e histórias do arquétipo da mulher selvagem. Rio de Janeiro: Rocco, 1994 [Originalmente apresentado em 1992].

FARAH, R.M. "Introdução". In: ZIMMERMANN, E. (org.). *Corpo e individuação*. Petrópolis: Vozes, 2009.

FIRESTONE, L.A. *O despertar de Minerva* – Um estudo sobre a criatividade das mulheres. Rio de Janeiro: Record/Rosa dos Tempos, 1998 [Originalmente apresentado em 1997].

GOMBRICH, E.H. *Arte e ilusão* – Um estudo da psicologia da representação pictórica. São Paulo: Martins Fontes, 1986 [Originalmente apresentado em 1959].

HALL, J.A. *A experiência junguiana*: análise e individuação. 12. ed. São Paulo: Cultrix, 2009 [Originalmente apresentado em 1986].

HAUSER, A. *História social da arte e da literatura*. São Paulo: Martins Fontes, 1998 [Originalmente apresentado em 1953].

HILLMAN, J. *Psicologia arquetípica*: um breve relato. 9. ed. São Paulo: Cultrix, 1995.

HOLLIS, J. *Nesta jornada que chamamos vida*: vivendo as questões. São Paulo: Paulus, 2004.

______. *Os pantanais da alma* – Nova vida em lugares sombrios. São Paulo: Paulus, 1998.

HOLMES, D.S. *Psicologia dos transtornos mentais*. Porto Alegre: Artes Médicas 1997.

JAFFÉ, A. *O mito do significado na obra de C.G. Jung*. 10. ed. São Paulo: Cultrix, 1995 [Originalmente apresentado em 1983].

JODOROWSKY, A. *Psicomagia*. Madri: Siruela, 2004.

JUNG, C.G. *O livro vermelho*: Liber novus. Petrópolis: Vozes, 2010.

______. *Os arquétipos e o inconsciente coletivo*. Petrópolis: Vozes, 2000.

______. *Energia psíquica*. 8. ed. Petrópolis: Vozes, 2002 [Originalmente apresentado em 1971].

KLEE, P. *Sobre a arte moderna e outros ensaios*. Rio de Janeiro: Zahar, 2001 [Originalmente apresentado em 1987].

LOWENFELD, V. & BRITTAIN, W.L. *O desenvolvimento da capacidade criadora*. São Paulo: Mestre Jou, 1977.

MEIRELES, C. "Lua adversa". *Viagem e vaga música*. Rio de Janeiro: Nova Fronteira, 1942.

NEUMANN, E. *A grande mãe* – Um estudo fenomenológico da constituição feminina do inconsciente. 3. ed. São Paulo: Cultrix, 2001.

______. *O medo do feminino e outros ensaios sobre a psicologia feminina*. São Paulo: Paulus, 2000.

OSTROWER, F. *Criatividade e processos de criação*. Petrópolis: Vozes, 1987.

PEREIRA, P.J.B. "Reflexões sobre movimento e imagem". In: ZIMMERMANN, E. (org.). *Corpo e individuação*. Petrópolis: Vozes, 2009.

PERERA, S.B. *Caminho para a iniciação feminina*. 3. ed. São Paulo: Paulus, 1985.

PHILIPPINI, A. *Linguagens e materiais expressivos em arteterapia*: uso, indicações e propriedades. Rio de Janeiro: Wak, 2009.

PRADO, D. *Manual de activación creativa:* para una programación alternativa y motivadora. Santiago de Compostela, Esp.: Libe, 2004.

______. *365 Creativacciones*. Santiago de Compostela, Esp.: Creacción Integral, 2001.

______. *Fundamentación científica de la creatividad:* como investigamos em/com La creatividad. [s.n.t.].

READ, H. *O sentido da arte* – Esboço da história da arte, principalmente da pintura e da escultura, e das bases dos julgamentos estéticos. 4. ed. São Paulo: Ibrasa, 1978.

SHALLCROSS, D.J. *Intuición*. Santiago de Compostela, Esp.: Creacción Integral, 2001.

SILVEIRA, N.C.G. *Jung*: vida e obra. 18. ed. Rio de Janeiro: Paz e Terra, 2001 [Originalmente apresentado em 1997].

TORRE, S. *Dialogando com a criatividade*. São Paulo: Madras, 2005.

VOLPATO, C. *As peles* [Intérprete: Felline] [Disponível em http://letras.terra.com.br/fellini/508153/ – Acesso em 10/04/2010].

WHITMONT, E.C. *A busca do símbolo* – Conceitos básicos de Psicologia Analítica. 13. ed. São Paulo: Cultrix, 2008 [Originalmente apresentado em 1969].

Glossário

Os conceitos abaixo foram utilizados neste estudo com as seguintes definições:

Abundância imagética – Movimento psicológico após o estímulo criativo. Os ativadores criativos geram uma grande quantidade de imagens, resultando numa abundância imagética.

Achadouros – Referência poética de Manoel de Barros ao local onde estariam depositadas as memórias de fatos significativos ocorridos na infância.

Ativadores criativos – Conjunto de técnicas elaboradas com finalidade de estimular o pensamento e as ações criativas. Atuam ajudando a desbloquear a criatividade.

Constelação da imagem – Situação na qual se percebe que o fluxo das imagens internas se fixou em uma só imagem. Agrupamento de imagens com conteúdo arquetípico similar.

Depressão grave – Segundo a Classificação Internacional de Doenças (CID-10), é referida ao lado das depressões de nível leve e moderada. Na depressão grave, são considerados sintomas preponderantes: a imobilidade da energia psíquica, a angústia, ideias de desvalia e impossibilidade de se manter a rotina, além de possível presença de ideação suicida.

Expressão imagética – Movimento da psique para se expressar através de imagens, por exemplo, as imagens dos sonhos.

Fantasia – Ato de deixar a imaginação fluir livremente, criando situações independentemente da possibilidade de torná-las reais.

Feminino divino – Imagens arquetípicas relacionadas a divindades femininas como, por exemplo, a Virgem Maria, Hera, Parvati, Vênus, Minerva, Juno etc.

Flexibilidade psíquica – Ação necessária para o processo criativo, especificamente para resolução das situações do cotidiano. Representa o inverso da rigidez psicológica que gera o empobrecimento imaginativo.

Intervenção criativa – Conjunto de ações realizadas em grupos tendo como objetivo estimular a criatividade.

Intuição criativa – Ideias ou *insights* que costumam surgir sem que exista uma explicação lógica ou estímulo anterior diretamente relacionado.

Movimento energético imaginativo – Movimento gerado na psique pelo uso dos ativadores criativos. Favorece uma descarga energética que leva à atividade criativa com maior fluidez.

Pele primordial – Termo usado metaforicamente para designar a existência de uma essência pessoal que se configura como principal característica do ser humano.

Tesouros – Vivências registradas na história pessoal e que estão no inconsciente. Uso metafórico.

Verdade primordial – Situações que possuem caráter arcaico, mítico e devem ser integradas à consciência.

Vitalidade feminina – Estado condutor de ações que geram prazer e estimulam a sensação de bem-estar, levando a ações de contemplação e criação.

Conecte-se conosco:

facebook.com/editoravozes

@editoravozes

@editora_vozes

youtube.com/editoravozes

+55 24 2233-9033

www.vozes.com.br

Conheça nossas lojas:

www.livrariavozes.com.br

Belo Horizonte – Brasília – Campinas – Cuiabá – Curitiba
Fortaleza – Juiz de Fora – Petrópolis – Recife – São Paulo

EDITORA VOZES

VOZES NOBILIS

Vozes de Bolso

Vozes Acadêmica

EDITORA VOZES LTDA.
Rua Frei Luís, 100 – Centro – Cep 25689-900 – Petrópolis, RJ
Tel.: (24) 2233-9000 – E-mail: vendas@vozes.com.br